Gcina Mhlophe · Love Child

PH
V

GCINA MHLOPHE

Love Child

Die Geschichtenerzählerin aus Südafrika

Herausgegeben und mit einem Nachwort
versehen von Susanne Koehler
Übersetzt von Susanne Koehler und Uta Goridis

Peter Hammer Verlag

Quellennachweise

Die Toilette. Übersetzt von Uta Goridis. In: *Wenn der Regen fällt*. Erzählungen aus Südafrika. Hrsg. v. Ann Oosthuizen. Berlin: Orlanda Frauenverlag 1988.
Das Krokodil. Übersetzt von Susanne Koehler. In: *Hoffnung*. Stimmen aus Südafrika. Hrsg. v. Bridget Impey, Ingrid Küpper, Russell Martin. Frankfurt: dipa-Verlag 1993. Die Autorin hat die Erzählung für die Neuausgabe erweitert.
Wenn der Regen fällt. Übersetzt von Uta Goridis. In: *Wenn der Regen fällt*. Erzählungen aus Südafrika. Hrsg. v. Ann Oosthuizen. Berlin: Orlanda Frauenverlag 1988.
Es herrscht wieder Ruhe. Übersetzt von Uta Goridis. In: *Wenn der Regen fällt*. Erzählungen aus Südafrika. Hrsg. v. Ann Oosthuizen. Berlin: Orlanda Frauenverlag 1988.
Den Verlagen danken wir für die freundliche Abdruckgenehmigung.

Die Übersetzung aus dem Englischen wurde mit Mitteln des Auswärtigen Amtes unterstützt durch die Gesellschaft zur Förderung der Literatur aus Afrika, Asien und Lateinamerika e. V. in Zusammenarbeit mit dem Institut für Auslandsbeziehungen.

Mhlophe, Gcina:
Love child: die Geschichtenerzählerin aus Südafrika / Gcina Mhlophe. Hrsg. und mit einem Nachw. vers. von Susanne Koehler. Übers. von Susanne Koehler und Uta Goridis. – Orig.-Ausg. – 2. Aufl. – Wuppertal : Hammer, 1998
ISBN 3-87294-714-1
NE: Koehler, Susanne [Hrsg.]

Originalausgabe
2. Auflage 1998

Lektorat: Gudrun Honke
Umschlaggestaltung: Magdalene Krumbeck
Umschlagfoto: Thomas Dorn / Agentur Griot
Foto Frontispiz: Gisèle Wulfson
Satz: Data System, Wuppertal
Druck: Ebner Ulm

Inhalt

Zu diesem Buch

Worte sind ihre Begleiter. Worte waren ihre Waffe im Kampf gegen Apardheid. Worte sind für Gcina Mhlophe ein klingendes Instrument, die Geschichte Afrikas mit neuem Leben zu erfüllen. In der Tradition der südafrikanischen Geschichtenerzähler will sie mit ihren Texten Identitätsbewußtsein vermitteln, Gegenwart und Vergangenheit miteinander verknüpfen, den Zorn nicht unterdrücken und dennoch Versöhnung anstreben. »In jedem Erwachsenen lebt ein Kind. Und wenn es mir gelingt, die Menschen dorthin zurückzubringen, wo sie Kinder sind, dann bringe ich sie zusammen, denn Kinder nehmen einander an und haben keine Vorurteile.«

Mit einer Auswahl ihrer Lyrik und Kurzgeschichten veröffentlicht die bekannte südafrikanische Autorin ihr erstes Buch im Peter-Hammer-Verlag. »Love Child« ist eine wunderbare Lesereise in das Herz Südafrikas, ein Buch für alle Generationen, und über das literarische Vergnügen ein Spiegelbild zur Geschichte des Landes, in dem Gcina Mhlophe als Tochter eines Zulu-Vaters und einer Xhosa-Mutter geboren wurde. Sie selbst nennt sich ein »Kind der Liebe«, weil sich in ihr zwei Völker verbinden, Symbol für eine mögliche Einheit zwischen den Menschen Südafrikas.

Seit vielen Jahren fördert die Deutsche Welthungerhilfe im Rahmen ihrer entwicklungspädagogischen Bildungsarbeit wichtige und authentische Bücher aus Afrika, Asien und Lateinamerika. Weil sie zum Verständnis zwischen Kulturen beitragen, Rassismus und Intoleranz in ihre Schranken verweisen und – wie in diesem Buch – ein wahrhaftiges Bild Afrikas zeigen. geben Sie »Love Child« eine Chance, denn es ist eine Freude, Gcina Mhlophe zu lesen. Geben Sie das Buch ihren Kindern, Freunden, Verwandten. Um es mit Gcinas Worten zu sagen: »Mit den Geschichten ist es wie mit der Erde. Sie sind dazu da, daß wir sie miteinander teilen.«

Deutsche Welthungerhilfe

Es ist unmöglich, Spekulationen darüber anzustellen, wie eines Tages die Revolution in Südafrika aussehen wird. Doch sie ist unabwendbar in einer Welt, in der alle Menschen die Wahrung ihrer Rechte einfordern werden.

Es ist zu hoffen, daß große Persönlichkeiten aus dem Volk hervorgehen werden, die das Leid des Rassenhasses nicht vergessen haben und daraus eine allgemein gültige Sprache der Liebe für alle Menschen formulieren.

Außerdem könnte es sein, daß Südafrika eines Tages zur Heimat der Geschichtenerzähler und Traumseher wird, jener, die andere nicht verletzten, sondern neuen Träumen Raum schufen, Träumen, die die Herzen mit wundersamem Staunen erfüllten.

Bessie Head
1972

Die Geschichte unserer Zeit

Wenn eines Tages
Die hinreißende
Geschichte unserer Zeit
Wird denen erzählt werden,
Die noch nicht geboren sind,
Die jedoch mit freundlicherem Gesicht
Ihr Kommen ankündigen,
Werden wir,
Die wir am meisten gelitten haben,
Allen anderen vorangehen.
Doch da dieser Augenblick
Unserer Zeit noch weit voraus ist,
Bedeutet es,
Daß noch viel mehr Leiden
Vor uns liegt.

Aber schön ist es,
Die Welt mit Augen zu sehen,
Die noch nicht geboren sind,
Und großartig das Bewußtsein,
Auf der Gewinnerseite zu stehen,
Wenn rings um uns her
Noch immer Kälte herrscht
und Dunkelheit.
Aus Lateinamerika

Am Anfang war das Wort,
Das Wort gebar die Sprache,
Die Sprache gebar die Geschichte,
Und mit der Geschichte fing der Spaß erst richtig an!
Gcina Mhlophe

Augenblicke der Veränderung

Ich war siebzehn Jahre alt und meiner selbst sehr unsicher. An der höheren Schule, die ich besuchte, mochten mich die meisten Lehrer. Oder sie gaben sich zumindest den Anschein – weil ich eine sehr gute Schülerin war. Meine Aufsätze galten als Musterbeispiele guter Arbeit und pflegten der ganzen Klasse vorgelesen zu werden. Obwohl ich nicht ernsthaft darüber nachdachte, war ich wahrscheinlich stolz auf meine Leistungen. Doch schien dies weder mein Selbstvertrauen zu stärken, noch flößte es mir einen Funken Eigenliebe ein. Ich war überzeugt, daß ich sehr häßlich sei; und daß mein Haar so schwer zu bändigen war, machte die Sache nicht gerade leichter. Ich bezeichnete mein Haar als »trockenes Gras im Winter«. Irgendwann hörte ich einfach auf, es durchzukämmen, wusch es nur und ließ es trocknen, zog meinen schwarzen Rock und die weiße Bluse an – die beide nicht so schön wie bei den anderen Mädchen waren – und machte mich auf den Weg ins Klassenzimmer. Meine X-Beine und meine großen Füße setzten dem Ganzen noch die Krone auf! Ich war einfach häßlich und ungelenk, und ich haßte mich selbst dafür. Und mein Gott, zu alledem saß ich noch in der ersten Reihe! Miß-Häßliches-Entlein-Klassenerste!

Unsere Schule war eine der größten höheren Schulen in der Ostkap-Provinz, und wir hatten einen hervorragenden Schulchor, der einen Preis nach dem anderen gewann. Jedesmal, wenn ich an diesen Chor zurückdenke, erinnere ich mich an Bulelwas Stimme. Wann immer sie sang, schloß ich die Augen und genoß es, ihr zuzuhören. Ich weiß nicht, wie oft ich mir damals wünschte, ich besäße ein Tonbandgerät, um ihren Gesang aufzunehmen und damit sicherzustellen, daß ich ihm noch mein ganzes Leben lang würde zuhören können. Ich muß sagen, es war stets ein großer Augenblick, wenn Bulelwa an seltenen Nachmittagen zu mir unter die große Akazie in der Nähe der Lehrerwohnungen kam, um mit mir ihre Schularbeiten zu machen. Ich liebte jene Stelle unter dem Baum. Und ich erinnere mich auch daran, daß Bulelwa sich auf meine Seite stellte, als einige Mädchen aus unserem Schlafsaal wegen der Jungen über mich lachten. Sie wußten, daß mich Jungen nicht sehr interessierten, und unablässig hieß es: »Wer will auch schon mit ihr ausgehen... sie gibt sich ja nicht einmal die Mühe, sich zurechtzumachen!«

Ich erinnere mich an einen gutaussehenden Jungen aus Port Elizabeth, der Fußball spielte. Das halbe Schuljahr war schon vergangen, und noch immer hatte er keine Freundin. Er war der Star unserer Fußballmannschaft. Ich wußte, wie er hieß, und hatte viel darüber gehört, wie erstklassig er auf dem Fußballfeld sei, aber ich kannte ihn so gut wie gar nicht – ich gehörte nicht zu denen, die auf den Fußballplatz gingen. Ich hockte immer und ewig über meinen Büchern. Ich las alle für mein Schuljahr vorgeschriebenen Bücher. Danach las ich jedes andere Buch, jede Zeitung oder Illustrierte, die mir in die Hände kam. Ich las Liebesgeschichten von Barbara Cartland und Catherine Cookson, ich las James Baldwin... ich las, als sei Lesen das einzige, das mich am Leben erhielt. Wenn die Lehrer im Unterricht bestimmte Bücher behandelten, hatte ich sie schon längst gelesen und wünschte mir, wir würden einen Stoff behandeln, den ich noch nicht kannte. Die Jungen in meiner Klasse mochten mich nicht sehr – außer, wenn sie Hilfe bei ihren Schularbeiten brauchten.

Im Mädchenschlafsaal war mein Bett das in der hintersten Ecke – am weitesten entfernt vom Eingang und deshalb auch von der Aufsichtsperson. Lange, nachdem das

Licht gelöscht worden war, konnte man meine tiefe Stimme hören, die ohne Unterbrechung das tat, was wir »husten« nannten: Wenn am Montag eine wichtige Klassenarbeit geschrieben werden sollte, las ich meinen Klassenkameradinnen, die ihre Hausarbeit hinausgeschoben hatten, bis es zu spät war, Kapitel für Kapitel die vorgeschriebene Literatur vor oder die Geschichtslektionen, die drankommen würden. Während ich ihnen diese Hilfestellung gab, half mir das Vorlesen auch selbst, denn dadurch rief ich mir ins Gedächtnis zurück, was ich gelesen hatte, ehe ich mich mit so vielem anderen beschäftigt hatte, was auf dem offiziellen Lehrplan nicht zu finden war. Aus diesem Grunde sahen sich einige Mädchen gezwungen, zumindest zeitweilig meine Freundin zu sein. Doch dann kam der Tag, an dem wir ein neues Theaterstück probten und an dem der Junge aus Port Elizabeth zu mir kam und mir sagte, er liebe mich und er wünsche, ich könne zumindest versuchen, ihn auch zu lieben.

Ich dachte, er sei verrückt! Was wollte ein gutaussehender Junge wie er schon mit mir anfangen! Außerdem ging ich zur Schule, um etwas zu lernen, und nicht, um mit Jungen zu schlafen! Und genau das sagte ich ihm. Er gab sich alle Mühe, mich davon zu überzeugen, daß er eigentlich nicht beabsichtige, die Dinge zu überstürzen. Ich müsse nicht mit ihm schlafen, er möge mich einfach sehr und wolle gern mein Freund sein. Er sagte, daß es ihm gefallen würde, seine Zeit mit mir zu verbringen, wir könnten es miteinander schön haben, uns unterhalten und lesen, wie es mir gefiele. Ich bat ihn, mich doch in Ruhe zu lassen.

Nun, er ließ mich nicht in Ruhe, aber dafür wandten sich viele der Mädchen von mir ab. Sie dachten, er sei zu gut für mich. Sie meinten, er sei ein Junge aus der Stadt und müsse sich deshalb ein Mädchen aus der Stadt aussuchen. Ich mußte mir auch reichlich Bemerkungen darüber anhören, daß ich häßlich sei und keine schicken Kleider trüge. Viele

Mädchen schauten weg, wenn ich an ihnen vorüberging oder sie mir entgegenkamen, und hinter meinem Rücken wurde viel Unfreundliches geflüstert. Zuerst ärgerte ich mich darüber – ich sagte jeder, die es hören wollte, daß ich mit dem hübschen Jungen aus der Stadt nichts im Sinn hätte; sie könne ihn gern haben. Doch die Feindseligkeiten wurden schlimmer, und der Junge gab nicht auf. Dann begann mir die ganze Sache plötzlich Spaß zu machen. Ich schaute mir die Mädchen an, die mich so sehr haßten, und fragte mich, was wohl geschähe, wenn ich mich entschlösse, den Fußballstar als meinen Freund zu akzeptieren. Manchmal lachte ich laut, wenn ich mir vorstellte, was sie dann wohl über mich flüstern würden. Schließlich dachte ich, nun gut, er ist nicht blind, er sieht ja, daß ich häßlich bin, er sieht ja, daß ich keine schicken Kleider habe, er sieht, daß ich zuviel lese – ich dachte, na schön, ich werde mit ihm ausgehen. Damit, daß er sich ein unpassendes Mädchen ausgesucht hatte, brachte er die ganze Schule in Aufruhr. Mein Englischlehrer fand das Ganze ziemlich lustig und gratulierte mir dazu, soviel Aufsehen erregt zu haben. Es zeigte sich, daß Sizwe ein sehr liebenswerter Mensch war, und als er am Ende jenes Schuljahres die Schule verließ, waren wir sehr gute Freunde geworden.

Ich ging weiter zur Schule und machte damit meiner Schwester in Johannesburg Freude – sie war es, die für meine Ausbildung aufkam. Ich konnte mir ihr strahlendes Gesicht vorstellen, wenn sie meine guten Zeugnisse sah, und ich wünschte mir, in solchen Augenblicken bei ihr zu sein. Ich ging jetzt in die neunte Klasse, und nach den Winterferien waren wir gerade für das zweite Halbjahr in die Schule zurückgekehrt. Alles war in Ordnung, das Leben ging seinen gewohnten Gang, so wie es immer gewesen war. Ich bin mir nicht ganz sicher, wie es begann, doch im Laufe der Zeit gewann ich den Eindruck, daß der Schulpastor sich besonders um mich kümmerte und mich mochte.

Aber vielleicht erübrigt es sich, dies erklären zu wollen; ich denke, im Leben eines jeden Menschen gibt es jemanden, der einen zu mögen scheint – einfach so. Sicher, in der Kirche benahm ich mich immer sehr gut, und ich war eins von den drei Mädchen, die jeden Sonntagmorgen Blumen für die Kirche schnitten und sie in die Vasen stellten. Wegen meiner tiefen Stimme war ich aus dem Schulchor ausgeschlossen worden. Ungeduldig hatte man mich wissen lassen, ich müsse entweder mit den Jungen Tenor singen oder gehen. Alle hatten gelacht, und ich war zu der Überzeugung gelangt, daß ich keine sehr gute Stimme hätte. Ich ging. Auch diese Erfahrung bestärkte mich darin, mich als Häßliches Entlein zu sehen, das Klassenerster war. Der Pastor bestand aber darauf, daß ich im Kirchenchor mitsänge, obwohl ich protestierte und sagte, ich hätte eine häßliche Stimme. Er erwiderte, meine Stimme sei kräftig und weise eine große Resonanz auf. Häßlich sei sie aber nicht. Da hörte ich zum ersten Mal das Wort Resonanz. Es gefiel mir, also sang ich im Kirchenchor.

Es war an einem Freitagnachmittag. Eine Gruppe fauler junger Mädchen kam aus der Schule. Die Wintersonne schien ebenso faul zu sein wie wir. Wir waren gerade am Haus des Pastors vorübergegangen, als ein kleiner Junge uns nachrannte. Er sagte, der Pastor wolle mich sprechen. Ich ging mit ihm und wollte gerade im Pfarrhaus in die Küche gehen, als der Pastor selbst herauskam und mich in aller Eile anwies, schnellstens meine Tasche fürs Wochenende zu packen; er und seine Frau würden seine Verwandten auf dem Land besuchen, und ich solle sie begleiten. Mit offenem Mund stand ich auf den Treppenstufen, unfähig, etwas herauszubringen oder mich zu rühren. Er schaute mich an und lachte laut. Er meinte, in weniger als einer Stunde müßten wir losfahren, deshalb sollte ich mich lieber beeilen. Ohne ein Wort zu sagen, machte ich kehrt und sprang die fünf Stufen alle auf einmal hinunter. Als ich mit meinen Büchern im Arm, so schnell ich konnte, davonrannte, wurde mir bewußt, daß ich nicht allein auf der Welt war: Alle starrten mir nach. Ich riß mich, so gut ich konnte, zusammen und hielt mir die Hand vor den Mund, um meine Freude zu verbergen.

Als ich im Schlafsaal anlangte, wußte ich nicht, was ich mitnehmen oder dalassen sollte; schließlich gehörte es nicht zu meinen Gepflogenheiten, am Wochenende zu verreisen. So schnell wie nur irgend möglich entledigte ich mich meiner Schuluniform und zog mein schönstes Kleid an. Dann rannte ich ins Badezimmer und feuchtete mein Haar an, um wenigstens den Versuch zu machen, es durchzukämmen, aber das war zu schmerzhaft, deshalb strich ich es irgendwie mit der Hand glatt. Als ich das Gefühl hatte, es sähe ein wenig besser aus, holte ich meine Plastiktasche mit dem Wenigen, das ich fürs Wochenende brauchte. Dann fiel mir ein, daß ich mein Nachthemd vergessen hatte, und ich hetzte davon und zog es unter meinem Kopfkissen hervor. Währenddessen standen die anderen Mädchen um mich herum. Sie folgten mir auf Schritt und Tritt, waren aber zu stolz, um zu fragen, was denn eigentlich los sei. Und ich war entschlossen, kein Wort zu sagen, bis ich gefragt würde.

Nosisa packte mich am Arm, als ich gerade zur Tür hinaus wollte. »Erzählst du uns denn nicht, wohin du gehst?« Im selben Augenblick überschütteten mich alle mit unzähligen Fragen.

»Ich fahre mit Pastor Fikeni übers Wochenende seine Verwandten besuchen. Er sagte, ich müsse mich beeilen.« Und damit riß ich mich los und ging schnell zur Tür hinaus.

Die Fahrt nach Trolo war schön und entspannend. Vor uns ging die Sonne unter. Ich saß hinten und träumte vor mich hin. Der Pastor und seine Frau saßen vorn, und sie schienen froh und im Einklang mit sich selbst zu sein. Mrs. Fikeni war eine sehr schöne Dame, die nicht zuviel redete.

Wie oft saß ich in der Kirche, schaute sie an und stellte mir vor, ein Engel käme vom Himmel und frage mich, was ich mir am meisten wünsche. Ich wußte genau, um was ich ihn bitten würde: Ich wollte so schön sein wie die Frau des Pastors.

An jenem Tag ging ich nach dem Abendgebet, so gegen zehn Uhr, schlafen. Ich schlief sehr schnell ein; wahrscheinlich war ich übermüdet von all der Aufregung. Die Aufregung hielt am nächsten Morgen an, als mir zu Bewußtsein kam, daß keine Glocke mich aufweckte und mich in den Speisesaal oder in die Schule rief... Ich duschte und ging dann in die Küche, um dort zu helfen. Es gefiel mir, daß ich nicht als ein besonderer Gast angesehen wurde, der nicht einmal beim Geschirrspülen helfen durfte. Ich fühlte mich ganz wie zu Hause.

Nach dem Frühstück saßen wir alle auf der Veranda und tranken Tee. Ich saß neben der Frau des Pastors, die an einem riesigen Pullover mit roten und blauen Streifen strickte. Der Pullover sah so groß aus, daß ich nicht glaubte, daß sie ihn für sich selbst strickte, aber sie sagte, doch, sie hätte die Pullover gern so groß – lang und weit wie ein Mantel. Ich saß da und starrte auf ihre flinken Hände, aber ihr Gesicht anzuschauen war etwas ganz anderes. Es war so entspannt und schön wie immer. Sie schaute kaum auf das, was sie strickte, außer wenn die Wolle zu Ende ging oder sie eine neue Farbe beginnen mußte. So saßen wir beisammen, als der Pastor aufstand, sich streckte und sagte, es sei Zeit zu gehen. Zeit, wohin zu gehen? Halbherzig stellte ich mir diese Frage und sah weiter auf die strickenden Hände. Als er keine Anstalten machte aufzubrechen, hob ich den Kopf; vielleicht spürte ich, daß er mich anschaute. Er sagte, ich solle lieber mit ihm kommen, er habe eine Überraschung für mich. Ich blickte in all die Augen, die auf mich gerichtet waren, doch kein Augenpaar schien mir etwas verraten zu wollen. Ich erhob mich und folgte ihm ins

Haus. Er erklärte mir, daß er zu einer Versammlung ginge und meine, es sei für mich interessant, einmal zu erleben, was sich da abspiele. Ich wußte nicht, was ich sagen sollte – also lächelte ich und machte mich fertig.

Die Versammlung fand in einem nahegelegenen Dorf statt, auf dem Anwesen des Bürgermeisters neben den Viehgehegen. Sie war sehr gut besucht. Überall saßen die Leute auf dem Gras, auf Felsen oder kleinen Hockern. Ich schloß daraus, daß das ganze Dorf anwesend sein mußte – alle waren gekommen. Wir trafen zu spät ein, doch das schien niemanden zu stören. Sie machten uns Platz, damit wir uns setzen konnten, während der Redner weitersprach und die Menschen aufmerksam zuhörten. Ich weiß noch, es war davon die Rede, daß man das Vieh auf den abgeernteten Maisfeldern weiden lassen solle – natürlich erst, wenn alle Leute ihren Mais geerntet hätten – und man in dieser Angelegenheit zu einer Übereinkunft kommen müsse. Das war so in etwa das Thema, um das es ging. An der darauffolgenden Diskussion beteiligten sich viele, doch ich wußte mit alledem eigentlich nichts anzufangen. Ich saß still dabei und gab mir Mühe, so interessiert wie möglich auszusehen. Dann stand auf einmal ein Mann auf. Er sprang auf die Füße, ein großer Mann mit breiten Schultern und einem sehr dunklen Gesicht. Mit blitzenden Augen schaute er hierhin und dorthin, als sei er auf der Hut vor irgend etwas. Er trug einen sehr schön gearbeiteten dunkelroten, mit Perlen und einer langen schwarzen Feder verzierten Hut. Um Hals und Hüfte schlangen sich noch mehr Perlenschnüre, außerdem war er in einen Rock aus Leder gekleidet, dessen Vorderteil nur bis über die Knie reichte, dessen Rückenteil jedoch viel länger war, fast wie eine Schleppe. Dann hatte er noch einen kurzen, kräftigen Stock bei sich, der an einem Ende durch einen darangebundenen weißen Ochsenschwanz verlängert war. Diesen trug er in der einen Hand, während die andere ein großes, rötliches, fast einer Wolldecke gleichendes Tuch hielt, das er lässig über den Arm geschlungen hatte. Erwartungsvolle Bewegung ging durch die Menge, als der Mann aufsprang. Der Pastor sah mich mit einem breiten Lächeln an. Ich glaube, der Blick in seinen Augen sagte mir: Jetzt paß auf, genieße, was nun kommt!

Der buntgekleidete Mann begann nun zu singen. Zuerst pries er mit seinem Lied die Familie des Bürgermeisters, dann besang er alles, was dieser geleistet hatte. Er sang von den Menschen des Dorfes, von den großen Helden der Vergangenheit und der Gegenwart. Seine Sprache war rein und fließend, und ebenso waren seine Bewegungen. Er sprang vorwärts und stieß fast lautlos seinen Ochsenschwanzstock in die Erde – ganz unbewußt machten die Leute es ihm nach. Im einen Augenblick sang er Loblieder, im nächsten gab er sich nachdenklich und kritisch. Ich hatte schon von den *imbongi* gehört – den Dichtern und Sängern der Preislieder –, doch ich hätte mir nie träumen lassen, daß ich einmal miterleben würde, wenn ein *imbongi* seine Kunst ausübte. Ich starrte ihn mit offenem Mund an. Selbst heute kann ich das Gefühl nicht genau beschreiben, das in jenem Augenblick von mir Besitz ergriff. Ich weiß nur noch, daß ich, als der Mann seine Darbietung beendete und sich die Zuhörer um ihn drängten, um ihm zu gratulieren, zu erschöpft war, um zu klatschen oder in das Trillern und Pfeifen der anderen einzustimmen... Ich blieb einfach sitzen, und wie im Traum sah ich mich selbst in einer ähnlichen Aufmachung das tun, was dieser Mann soeben getan hatte. Damals beschloß ich, daß auch ich eine Dichterin von Preisliedern werden würde. Diese Vision erfüllte mich mit einem überwältigenden Glücksgefühl. Ich schüttelte ein paar Leuten die Hand, und der Pastor stellte mich dem Bürgermeister vor, der ihm für sein Kommen dankte und lachend fragte, was mich denn zu dieser Versammlung geführt habe. Dann kam der Dichter und begrüßte Pastor Fikeni. Nachdem sie lange miteinander geredet hatten, wurde ich ihm als eine sehr gute Schülerin vorgestellt. Ich war wie erstarrt und betäubt, weil ich nicht fassen konnte, was mir widerfuhr. Als die heiße, schweißnasse Hand des Dichters meine Hand nahm, fühlte ich mich als Dichterin getauft. Ich glaube, ich wollte etwas Kluges sagen, aber es gelang mir nicht. Ich lächelte nur und drehte verlegen an den Knöpfen und Knopflöchern meines Kleides herum. Er ging dann weiter und unterhielt sich mit anderen Leuten, die ihn Cira nannten.

Es war Montagnachmittag, und ich lag auf dem Bauch an meinem Lieblingsplatz unter den Akazien, als ich mein erstes Gedicht schrieb. Das großartige Gefühl, das von mir Besitz ergriffen hatte, war zu überwältigend, um es in Worte fassen zu können.Vielleicht fühlt sich eine Frau so, wenn sie ihr erstes Baby bekommt. Ich weiß es nicht, ich habe noch nie ein Kind geboren. Ich setzte mich auf und las mir mein Gedicht laut vor. Mir gefiel der Klang meiner eigenen Stimme; mir gefiel es, das Gedicht zu hören. Ich legte das Papier fort und strich mir mit den Fingern über das Gesicht, um meine Gesichtszüge zu ertasten – das Lächeln, das mich nicht mehr verlassen wollte, meine Nase, meine Wangen, meine Augen und meine Ohren. Ich fühlte meine nach oben spitz zulaufenden Ohrmuscheln, was meinen Ohren das Aussehen von kleinen Henkeltassen gab. Ich strich über mein Haar, und es gefiel mir. Zum ersten Mal gefiel mir mein hartes, krauses Haar, und mein Gesicht fühlte sich überhaupt nicht häßlich an – alles war richtig und schön. Meine Stimme klang wie eine ganz besondere Stimme, eigens dafür geschaffen, Gedichte vorzutragen – mit Würde. Resonant – sagte man so? An jenem Tag verliebte ich mich in mich selbst. Alles, was zu mir gehörte, war einfach vollkommen.

Ich erhob mich, nahm meine Bücher und das Handtuch, auf dem ich gelegen hatte, und streckte die Glieder – ich fühlte mich stark und zu allem bereit. Mir war nach Hüpfen und Springen und nach nicht endenwollendem Lachen zumute. Ich wünschte mir, daß es schon morgen wäre, damit ich mir ein neues Heft kaufen könnte, in das ich meine Gedichte schreiben würde. Noch nie hatte ich von einer Frau als Dichterin und Sängerin von Preisliedern gehört; doch was machte das schon, ich könnte ja die erste sein! Ich wußte, Pastor Fikeni würde mir darin zustimmen. Ich konnte es kaum erwarten, sein Gesicht zu sehen, wenn ich ihm mein Gedicht vorläse. Auf der anderen Seite des Zaunes krähte ein großer roter Hahn und schlug mit den Flügeln. Auch er war offensichtlich einverstanden!

Worte als meine Begleiter

Tröstlich, wunderbar und einfach großartig
Ist es zu wissen,
Daß ich Augen habe zum Lesen,
Hände zum Schreiben
Und eine enorme Vorliebe für Worte.
Auch habe ich das Glück,
Einige außergewöhnlich schöne Sprachen zu sprechen,
Denn ich liebe Worte,
Die Urahnen der Sprache.
Bin ich glücklich,
Sprechen Worte von meinem Glück;
Bin ich traurig und verwirrt,
Werden Worte zu Ton in meiner Hand
Und lassen mich
Meine verworrenen Gedanken
Formen und neu formen,
Bis meine Seele Frieden gefunden hat.

Hätte ich zu wählen
Zwischen Weinen und Lesen,
Entschiede ich mich unbedingt
Fürs Lesen.
Denn ich habe Beweise genug,
Daß bei Anspannung und Schmerz
Ein gutes Buch seinen Dienst tut.
Unzählige Male
Kehrte ich dem Schmerz den Rücken
Und fand Freunde fürs Leben
In Gestalten aus fernen Ländern.

Unzählige Male
Besiegte ich Ärger und Zorn
Und tat meinen Nerven Gutes
Mit einem alten Comic-Heft.
In unzähligen Nächten
Triumphierte ich über die Schlaflosigkeit
Und unterhielt mich unter vier Augen
Mit Stift und Papier.

Im Dunkel der Nacht
Setze ich mich an meinen Schreibtisch,
Weiß nicht, wie ich beginnen soll,
Doch dann, ehe ich es gewahr werde,
Überstürzen sich Worte jeder Art und jeder Größe,
Strömen wie ein Sturzbach aufs Papier.
Ich fühle meinen ganzen Körper lachen,
Ich heiße jedes einzelne Wort willkommen
Wie einen guten alten Freund.

Umtanzen sie mich dann in weiten Kreisen
Und werfen neckend wortreiche Kringel
Auf die Wände,
Bin ich davon überzeugt,
Daß ich nicht für Langeweile geschaffen bin.
Denn wie sollte es
Der Langeweile gelingen,
Sich in meinen zeitlosen Kreis der Worte zu drängen?
Wo ich doch glücklich bin und zufrieden
Mit Worten als meinen Begleitern.

Die Toilette

Manchmal würde ich am liebsten alles hinwerfen und einfach nur ein nettes, braves Mädchen sein, das auf die ältere Generation hört. Vielleicht hätte ich – wie meine Mutter das wollte – so etwas wie Lehrerin oder Krankenschwester werden sollen. Das waren Berufe, die etwas galten, aber ich wußte, daß ich etwas anderes werden wollte, obwohl ich mir nicht sicher war, was. Die Schauspielerei ging mir im Kopf herum... Meine Mutter meinte, sie hätte viel Geld für nichts ausgegeben, weil ich mit dem, was ich gelernt hätte, nichts anzufangen wüßte. Nach meinem Abschlußexamen fuhr ich in den Weihnachtsfeiertagen nach Johannesburg und blieb dann dort. Ich hoffte, einen Job zu finden. Meine ältere Schwester arbeitete in Orange Grove als Hausangestellte, und ich schlief in ihrer Kammer. Außer den Freundinnen meiner Schwester, mit denen wir in die Kirche gingen, kannte ich keine Menschenseele in Johannesburg. Die Methodistenkirche an der Vierzehnten Avenue war der einzige Ort, den wir aufsuchten, wenn wir mal zusammen ausgingen. Ich fühlte mich verlassen und langweilte mich zu Tode.

Die Woche über war ich in der Kammer meiner Schwester eingesperrt, damit die Madam mich nicht zu Gesicht bekam. Die meiste Zeit hockte sie zu Hause herum, lackierte sich die Fingernägel, trank Tee mit ihren Freundinnen oder lag am Schwimmbecken und bräunte sich. Das Schwimmbecken war ganz in der Nähe meines Zimmers, ich durfte mich also nicht rühren. Meiner Schwester gefiel es natürlich nicht, mich einschließen zu müssen, aber sie hatte keine andere Wahl. Da ich nicht einmal das Radio laufen lassen konnte, brachte sie mir Bücher, alte Zeitschriften und Zeitungen von den Weißen mit. Ich las alles, was mir unter die Finger kam: *Fair Lady*, *Woman's Weekly*, alles. Meine Schwester meinte, ich würde zuviel lesen.

»Was für eine Frau wirst du mal abgeben, wenn du nicht einmal Babysachen nähen oder einen Pullover stricken kannst? Du wirst wohl einen heiraten, der genausoviel liest wie du und dem es nichts ausmacht, mit einem Buch und einem leeren Magen ins Bett zu gehen.«

Abends, wenn sie mit ihrer Arbeit fertig war, spielten wir Karten und hörten Radio; unsere Lieblingssongs sangen wir leise mit.

Dann kriegte ich den Aushilfsjob in einer Textilfabrik in der Stadt. Ich freute mich darauf, neue Leute kennenzulernen und endlich mal aus der Kammer herauszukommen. Die Fabrik stellte Kleider für Damenboutiquen her.

Die Halle stand voller Menschen. Die Leute nähten oder bügelten mit großen schweren Bügeleisen, aus denen eine Menge Dampf quoll. Ich mußte die losen Fäden abschneiden, die von den fertigen Jacken oder Kleidern herunterhingen. Wenn eine bestimmte Sorte Kleidungsstücke fertig war, kamen sie zu mir, und ich mußte sie zählen und aufschreiben, wie viele es waren, und dann die losen Fäden abschneiden. Ich fand es faszinierend, daß eine Person die Ärmel zuschnitt, eine andere die Kragen und so weiter, bis schließlich die letzte in der Reihe alle Einzelteile zusammennähte und die Knöpfe und was sonst noch fehlte anbrachte.

In der Fabrik sprachen die meisten Sotho, aber sie waren nett zu mir – sie versuchten, sich auf Zulu oder Xhosa mit mir zu verständigen, und sie gaben mir alle möglichen guten Ratschläge. Da war zum Beispiel Gwendolene – sie hielt mich für ziemlich beschränkt –, die mich »Bari« nannte, weil ich über Mittag im Umkleideraum hockte und las, statt nach draußen zu gehen, um die jungen Burschen kennenzulernen. Sie meinte, ich könnte viel Geld sparen, wenn ich mir einen *lunch-boy* zulegen würde – einen, der mir das Mittagessen bezahlte. Sie meinte, es wäre gescheiter, nicht mit ihm zu schlafen, dann könnte ich ihn jederzeit wieder abservieren. Ich fand das nicht so toll. Ich dachte mir, besser eine »bari« als von einem Burschen, der sich betrogen fühlt, zusammengeschlagen zu werden.

Um halb fünf war Schluß; ich ging dann gewöhnlich in einen Park in dem Viertel, in dem meine Schwester arbeitete. Dort wartete ich, bis es halb sieben war, dann konnte ich mich wieder in das Haus zurückschleichen, ohne von der weißen Familie gesehen zu werden. Morgens mußte ich schon um halb sechs aus dem Haus gehen. Ich mußte mir also irgendwie die Zeit vertreiben – zwei Stunden ungefähr –, bis ich den Halb-acht-Uhr-Bus zur Arbeit nehmen konnte. Gewöhnlich ging ich in eine öffentliche Toilette im Park. Aus irgendeinem Grund war sie nie abgeschlossen; ich konnte also immer hinein, konnte mich auf den Klodeckel setzen und eine Zeitschrift lesen, bis der Bus schließlich kam.

Als ich zum ersten Mal die Toilette aufsuchte, war ich auf dem Weg zur Bushaltestelle. Gewöhnlich ging ich schnurstracks zu der vor dem OK Bazar, weil dort alles hell erleuchtet war und ich etwas sehen konnte. Da wartete ich dann, las meine Zeitschrift oder starrte einfach auf den immer dichter werdenden Verkehrsstrom in die Stadt. An jenem Tag fing es plötzlich an zu gießen, und ich dachte, ich könnte mich in der Toilette unterstellen und dort warten, bis der Regen aufhörte. Ich klopfte zuerst, um sicherzugehen, daß niemand drinnen war. Als ich keine Antwort bekam, stieß ich die Tür auf und hing hinein. Es roch ein bißchen – ein trockener Geruch, als ob die Toilette nur selten benutzt würde. Im Vergleich zu anderen Toiletten *Für Nichteuropäer*, die ich kannte, war sie jedoch ziemlich sauber. Die Wände waren cremefarben, der Fußboden war rot.

Es sah so aus, als wäre die Farbe in den letzten Jahren nicht erneuert worden. Ich stand in dem Raum und schaute mich um, während der Regen auf das Blechdach prasselte. Ein sehr beruhigendes Geräusch – ich hatte es geschafft, ich war im Trockenen, nur ein paar dicke Tropfen hatten mich erwischt. Die Plastiktüte, die mein Buch, mein Portemonnaie und ein ordentlich gefaltetes rosa Taschentuch enthielt, war etwas feucht geworden, aber nur, weil ich sie mir über den Kopf gehalten hatte, als ich auf die Toilette zurannte. Ich setzte mich und zog mein Kleid etwas herunter, damit es keine Falten bekäme. Der geschlossene Deckel der Toilette sollte mir an vielen Vormittagen als Sitzgelegenheit dienen.

Ich konnte wirklich von Glück sagen, daß ich diese Toilette entdeckt hatte, denn im Winter wurde es sehr kalt. Es war da drinnen zwar nicht wärmer, aber ich brauchte nur die Tür zu schließen, und der Wind war weg. Die Toilette war außerdem sehr klein – die Wände waren so wunderbar nahe –, als ob sie für mich gebaut worden wäre. Ich fühlte mich wirklich ungestört, und ich dachte über einiges nach, während ich auf dem Klodeckel saß. Häufig träumte ich aber auch nur mit offenen Augen – ich stellte mir einen riesengroßen Saal vor, in dem ich zusammen mit ein paar anderen ein Stück aufführte, das ein Riesenerfolg geworden war. Auf der Schule nahmen wir einfach Bücher wie *Buzani KuBawo* oder *Ein Mann für jede Gelegenheit* und machten Theaterstücke daraus, die wir am Wochenende an anderen Schulen aufführten. Ich fand das wunderbar. Als ich noch jünger war, hatte ich mir kleine Episoden aus der Bibel ausgesucht, und an religiösen Feiertagen wie Karfreitag führten wir sie dann auf; wir sangen und tanzten und waren sehr glücklich dabei. Ich saß auf meinem Klodeckel und träumte vor mich hin...

Die Bücher langweilten mich mit der Zeit – die Liebesgeschichten klangen alle gleich, und außerdem interessierte mich das alles nicht mehr. Ich fragte mich, warum ich seit der Schule nichts mehr geschrieben hatte. Zumindest hatte ich damals noch ein paar Gedichte oder Kurzgeschichten verfaßt, die dann in der Schulzeitung, bei irgendwelchen Wettbewerben oder in Zeitschriften wie *Bona* und *Inkqubela* abgedruckt worden waren. Unser Englischlehrer hatte mir immer sehr viel Mut gemacht; ich dachte an den Tag, an dem ich ihm mein erstes Gedicht gezeigt hatte – ich war so aufgeregt, daß ich vom Unterricht überhaupt nichts mitbekam. Ans Veröffentlichen hatte ich damals nicht gedacht, und ich hatte mir auch keine Gedanken gemacht, ob meine Geschichten gut waren. Es machte mir einfach Spaß zu schreiben. An einem Freitag, nachdem die Toilette schon eine Art Zuhause für mich geworden war, kaufte ich mir also ein Notizheft, das ich zu füllen hoffte. Lange Zeit machte ich jedoch keinen Gebrauch davon, bis dann eines Abends…

Meine Schwester war wie üblich an ihrem freien Donnerstagnachmittag weggegangen und hatte sich zu lange aufgehalten. Ich hatte nach der Arbeit im Park gewartet, bis der Zeitpunkt günstig war, um in den Hof zurückzugehen. Die weiße Familie aß um halb sieben zu Abend, und um diese Zeit konnte ich mich dann, ohne von ihnen gesehen zu werden und ohne jemanden zu stören, ins Haus zurückschleichen. Mein Kommen und Gehen mußte heimlich erfolgen, weil sie immer noch nichts von meiner Existenz wußten.

Dann bemerkte ich jedoch, daß meine Schwester noch gar nicht zu Hause war. Ich getraute mich nicht, wieder hinauszugehen; ich hatte Angst, es könne etwas passieren. Deshalb beschloß ich, mich vor die Tür zu setzen, wo mich niemand entdecken würde, wie ich glaubte. Ich las eine Nummer des *Drum-Magazine* und hoffte, sie würde bald zurückkommen – bevor die Hunde mich gerochen hätten. Zum ersten Mal sagte ich mir, daß ich mir ja schon längst einen zweiten Schlüssel hätte besorgen können. Immer wieder hörte ich Geräusche, die so klangen, als würde das Tor geöffnet. Und ein paarmal glaubte ich ihre Schritte auf den Betonstufen zu hören, die zu den Dienstbotenräumen führten, aber es war jedesmal etwas anderes oder jemand anders.

Ich versuchte gerade, mich wieder in meine Lektüre zu vertiefen, als ich die beiden Hunde hörte; sie jagten einander immer näher an meine Tür heran. Dann standen sie vor mir und schienen genauso überrascht wie ich. Einen Augenblick lang starrten wir uns nur an, dann fingen sie an zu kläffen. Ich war überzeugt, daß sie mich in Stücke reißen würden, wenn ich auch nur einen Finger rührte. Also blieb ich regungslos sitzen und versuchte, sie nicht anzuschauen, während das Herz mir bis zum Hals schlug und mein Mund so trocken wurde wie Papier.

Das Gebell wurde noch lauter, als die Hunde von nebenan mit einstimmten; sie hatten eine Lücke in der Hecke gefunden, durch die sie mich anstarrten. Dann übertönte jedoch Madams schrille Stimme das Gebell der Hunde.

»Ireeeeeene!« Das ist der englische Name meiner Schwester, den wir aber nie benutzen. Ich konnte weder darauf antworten, noch irgendeine Bewegung machen, denn die Hunde standen dicht vor mir und fletschten die Zähne. Als niemand antwortete, kam sie hoch, um nachzuschauen, was los war.

»Oh, du bist das? Hallo!« Auf ihrem ewigen Kaugummi herumkauend, lächelte sie mir zu und dachte gar nicht daran, die Hunde wegzuschicken. Sie hatten aufgehört zu bellen, rührten sich aber nicht vom Fleck und knurrten mich an, während sie auf einen Befehl warteten.

»Bitte, Madam, sie gehen gleich auf mich los«, flehte ich, ohne die Hunde aus den Augen zu lassen.

»Nein, das tun sie nicht.« Dann sagte sie beschwichtigend zu ihnen: »Also fort mit euch, na, geht schon.« Und sie verzogen sich. Sie war wie eine Puppe, ihre Haare waren beinahe orangefarben und standen in lauter kleinen Löckchen um ihr geschminktes Gesicht. Ihre Wimpern klimperten wie die einer Puppe. Die schmalen Lippen leuchteten signalrot, und sie trug sehr hochhackige Schuhe. Sie lächelte immer noch; ich fragte mich, ob es nach einer Weile nicht wehtun müsse. Wenn ihre Freundinnen zum Schwimmen kamen, konnte ich sie endlos über eine Sache lachen hören.

Sie machte mir Angst – ich konnte nicht verstehen, wie sie mich so anlächeln konnte und mich gleichzeitig aus dem Haus haben wollte.

»Wann bist du denn hereingekommen? Wir haben dich ja gar nicht gesehen.«

»Ich bin schon eine Weile hier – meine Schwester ist nicht da. Ich muß mit ihr reden.«

»Oh – sie ist nicht da?« Aus irgendeinem unerklärlichen Grund fing sie an zu lachen. »Ich kann ihr was ausrichten. Du kannst wieder nach Hause gehen. Ich sag ihr, daß du sie sehen willst.«

Als ich wieder vor dem Tor stand, wußte ich nicht, was ich tun oder wohin ich gehen sollte. Ich schlenderte also einfach die Straße entlang. Die Straßenlaternen waren so hell! Wie große Augen, die mich anstarrten. Ich fragte mich, was die Leute wohl dachten, wenn sie mich um diese Zeit auf der Straße sahen. Aber eigentlich war es mir egal, denn ich konnte doch nichts daran ändern. Mir ging durch den Kopf, daß an einem Tag wie diesem einfach alles schiefgehen mußte; meine Schwester und ich standen nämlich auf Kriegsfuß miteinander. Am Morgen, als der Wecker losging, war ich nicht sofort aus dem Bett gesprungen, um ihn abzustellen, und meine Schwester hatte einen Wutanfall gekriegt. Sie beschwerte sich, daß ich jedesmal den Wecker zu lange klingeln ließe, als wäre er für sie und nicht für mich gestellt. Und als ich dann hinausging, um mich zu waschen, hatte ich die Tür eine Sekunde zu lange aufgelassen, und das reichte schon, um mir eine weitere Standpauke von ihr einzuhandeln.

Jeden Morgen mußte ich sofort aus dem Bett springen, mein Bettzeug zusammenrollen und unter das Bett stopfen, in dem meine Schwester schlief. Das Licht durfte ich dabei nicht anknipsen, obwohl es draußen noch stockdunkel war. Ich zündete also eine Kerze an und ging mit der Seife und der Zahnbürste in der Hand auf Zehenspitzen aus dem Zimmer. Meine Kleider hingen an der Tür auf einem Bügel. Ich nahm ihn und schloß die Tür so leise wie möglich. Alles mußte am Abend vorher gerichtet werden. Vor der Tür stand eine Waschschüssel mit kaltem Wasser, denn das Geräusch fließenden Wassers und das Quietschen der Hähne konnten die weiße Familie aufwecken, und sie würden sich fragen, wieso meine Schwester um diese Zeit schon wach war. Ich erledigte alles, was zu meiner Toilette gehörte, und um halb sechs stand ich mit den Schuhen in der Hand vor der Tür – die zog ich erst an, wenn ich das Tor hinter mir geschlossen hatte. Das verdammte Tor machte auch soviel Lärm. Wie oft habe ich mir gewünscht, einfach mit einem Satz darüberzuspringen und mich um nichts mehr kümmern zu müssen.

Während ich mir diese Dinge durch den Kopf gehen ließ, vergaß ich die beißende Kälte und meine triefende Nase ein wenig, bis ich schließlich meine Schwester auf mich zukommen sah.

»Mholo, was treibst du dich denn auf der Straße herum?« begrüßte sie mich. Ich erzählte ihr, was vorgefallen war.

»O Jehova! Manchmal bist du einfach zu blöd! Was hattest du überhaupt im Haus verloren? Du weißt genau, daß du auf mich hättest warten sollen, dann wären wir zusammen reingegangen, und ich hätte behaupten können, du wärest zu Besuch da. Kannst du mir bitte sagen, was ich ihnen jetzt erzählen soll, wenn sie dich wieder mal sehen, hm?«

Wütend ging sie auf das Tor zu, während ich ihr zögernd folgte. Als sie das Tor aufgestoßen hatte, drehte sie sich ungeduldig nach mir um:

»Auf was wartest du denn, du dummes Ding?«

Ich murmelte eine Entschuldigung und ging hinter ihr ins Haus. Wie durch ein Wunder schien uns niemand bemerkt zu haben, und wir verschlangen schnell einen kalten Snack aus Huhn und gekochten Kartoffeln. Danach tranken wir schweigend unseren Tee. Ich hätte am liebsten losgeheult wie ein Hund. Ich sehnte mich nach jemandem; jemand sollte kommen, mein Freund sein und sagen, daß ich nicht völlig nutzlos wäre, daß meine Schwester mich nicht hassen und daß ich eines Tages eine hübsche Wohnung haben würde – egal was. Am liebsten wäre mir jemand in meinem Alter gewesen.

Ich wußte aber auch, daß meine Schwester sich meinetwegen Sorgen machte – und daß sie Angst vor ihrer Dienstherrin hatte. Wenn die nämlich herauskriegte, daß ich bei ihr wohnte, würde sie sofort gefeuert werden und wir beide auf der Straße stehen. Die elf Rand, die ich verdiente, würden uns nicht weiterhelfen.

Ich weiß nicht, wie lange ich im Bett lag und nicht einschlafen konnte; ich wünschte mir viele Dinge, während mir die Tränen in die Ohren liefen.

Am nächsten Morgen war ich schon lange, bevor der Wecker klingelte, wach. Ich lag einfach nur im Bett und fühlte mich elend und zerschlagen. Wenn es irgendeinen Ausweg gegeben hätte, wäre ich nicht zur Arbeit gegangen, aber es gab da noch dieses andere starke Gefühl oder Verlangen in mir. Es war wie ein Schmerz, der mich alles doppelt so schnell erledigen und zu meiner Toilette rennen ließ. Ich nenne sie »meine Toilette«, denn als das betrachtete ich sie auch. Es kam äußerst selten vor, daß morgens jemand auf meine Toilette ging. Als wüßten alle, daß sie mir gehörte und sie besser das Feld räumten. Wenn ich die Tür öffnete, rechnete ich eigentlich nie damit, jemanden vorzufinden.

Ich spürte, wie meine Stimmung sich hob, als ich vor dem Tor meine Schuhe anzog. Ich vergewisserte mich, ob mein Notizheft sich auch in meiner Tüte befand. In der Aufregung vergaß ich sogar mein Mittagsbrot, aber das machte nichts. Ich ging schneller und schneller, und ich hatte das Gefühl, meine Füße würden immer leichter. Dann konnte ich sehen, daß die Tür frisch gestrichen und die alte, zerbrochene Scheibe durch eine neue ersetzt worden war. Ich lächelte vor mich hin, während ich die Hand ausstreckte, um die Tür zu öffnen. Und kurz darauf saß ich wieder auf dem Klodeckel und schrieb ein Gedicht.

Auf diesen Morgen folgten viele weitere Morgen, an denen ich dort saß und schrieb. Es mußte nicht unbedingt ein Gedicht sein; ich schrieb alles nieder, was mir durch den Kopf ging – so, wie ich mit einem Freund geredet hätte, wenn einer da gewesen wäre. Ich erinnere mich, daß ich an manchen Tagen das Gefühl hatte, etwas vor meiner Schwester zu verbergen. Sie wußte nichts von meiner Toilette im Park, und mein Notizbuch interessierte sie überhaupt nicht.

An einem Morgen wollte ich über etwas, was sich am Tag zuvor bei meiner Arbeit zugetragen hatte, eine Kurzgeschichte schreiben; die Aufseherin hatte mich angebrüllt, weil ich sie nicht gerufen hatte, als ich diese Leute mit den Kleidern hinausgehen sah. Kleider, die sie in der Mittagszeit gestohlen hatten. Ich hatte die Sache wirklich komisch gefunden. Und ich mußte sofort darüber schreiben – ich hoffte nur, daß noch genügend freie Seiten in meinem Notizbuch wären. Ich sah alles ganz genau vor mir und grinste, während ich nach der Türklinke griff, aber die Tür wollte nicht aufspringen – sie war verriegelt.

Ich glaube, ich akzeptierte zum ersten Mal, daß die Toilette nicht mein persönliches Eigentum war... Langsam ging ich auf die nächste Bank zu, beobachtete, wie die Frühjahrssonne aufging, und schrieb trotzdem meine Geschichte.

Es ist Krieg

Ihr Frauen meines Landes,
Junge und alte,
Schwarze und weiße,
Es ist Krieg.
Der Wind
Steht gegen uns,
Die Gesetze sprechen gegen uns.
Es ist Krieg.
Doch verzweifelt nicht,
Wir werden gewinnen.
Wir wollen weiterkämpfen,
Immer vorwärts gehen,
Nie zurück.

Ihr Frauen meines Landes,
Mütter und Töchter,
Arbeiterinnen und Hausfrauen,
Es ist Krieg.
Festgelegte Traditionen
Arbeiten gegen uns,
Starre Religionen
Behaupten sich gegen uns.
Es ist Krieg.
Doch verzweifelt nicht,
Wir werden gewinnen.
Wir wollen weiterkämpfen,
Immer vorwärts gehen,
Nie zurück.

Ihr Frauen meines Landes,
Mutter Afrikas geliebte Töchter,
Schwarze wie weiße,
Es ist Krieg.
Mächte der Ausbeutung
Erniedrigen unsere Mutter Afrika
Und uns, ihre Töchter.
Der Verachtung anheim
Fällt ihr mütterliches Lächeln,
Sie hat gesehen,
Wie ihre Kinder verkauft wurden,
Ihre Sklavenketten
Sind Jahrhunderte alt.
Keine Zeit nun zum Weinen für uns,
Sie hat Ströme von Tränen geweint.
Was fließt den Nil hinab,
Wenn nicht ihre Tränen,
Was fließt den Kongo hinab,
Wenn nicht ihre Tränen,
Was fließt den Sambesi hinab,
Wenn nicht ihre Tränen,
Was fließt den Limpopo hinab,
Wenn nicht ihre Tränen,
Was fließt den Thukela hinab,
Wenn nicht ihre Tränen,
Und was fließt den Fluß Kei hinab,
Wenn nicht Mutter Afrikas Tränen?

Ihr Frauen aus Ägypten und Libyen,
Trinkt ihre Tränen aus dem Nil,
Ihr werdet Mut finden und Tapferkeit.
Ihr Frauen aus Kongo und Liberia,
Trinkt ihre Tränen aus dem Kongo,
Ihr werdet euer Gefühl der Minderwertigkeit
Ablegen.

Ihr Frauen aus Sambia und Simbabwe,
Trinkt ihre Tränen aus dem Sambesi,
Erkenntnis wird euch zuteil werden.
Ihr Frauen aus Süd- und Westafrika,
Trinkt ihre Tränen aus dem Limpopo,
Und ihr werdet Befreiung erfahren.
Uns Frauen Afrikas,
Die wir in Ketten gebunden sind,
Gehört die Gewißheit,
Daß wir gewinnen werden.
Wir wollen weiterkämpfen,
Immer vorwärts gehen,
Nie zurück.

1981

Nongenile

Mein Körper war jung,
Doch denke ich jetzt darüber nach,
So war meine Seele noch viel jünger.
Ich hatte für jeden ein Lächeln bereit,
Ich war das neue Mädchen von der Ostküste,
Das eine fremde Sprache lernte
Und die Namen der Menschen noch nicht kannte.

Der erste Name, den ich mir merkte,
War der von Mama Nongenile,
Die fünf Häuser weiter allein wohnte.
Den ganzen Tag lang sprach sie mit sich selbst.
Sie lachte laut
Und schlug sich auf die Schenkel,
Wann immer die Leute stehenblieben
Und sie anstarrten.

Über Nongenile gab es ein Lied,
Das sangen die Leute,
Wenn sie in den Wäldern von Ndlovini
Feuerholz schlugen.
Fast wie im Gleichklang
Fielen dann ihre Buschmesser.

Mama Nongenile wußte um dieses Lied,
Und es tat ihr gut,
Daß genau die Leute,
Die auf sie herabschauten,
Jene, die ihre Kinder anwiesen,
Ihre Nähe zu meiden,

Als fürchteten sie,
Nur vom Sitzen neben ihr
Von einer Krankheit angesteckt zu werden,
Jene, die sie allem Anschein nach
Lieber tot als lebend sahen,
Daß genau diese Leute
Ein Lied über sie sangen,
Das tat ihr gut.

Aber Mama Nongenile zu erleben,
Wie sie bei den Erntefeiern
Zur Melodie ihres eigenen Liedes tanzte und sang,
War für mich der Höhepunkt jener Jahreszeit!
Es gab nichts Schöneres, als zuzuschauen,
Wie die Kraft ihrer rissigen Füße
Die Erde stampfte – so!
Dann wartete ich auf den Augenblick,
Wo sie allem und jedem Einhalt gebieten
Und das Geschehen in die Hand nehmen würde.
Sie ging hin und her und vor und zurück,
Schaute jedermann
Mit herausforderndem Blick in die Augen.
Alle mußten zuhören,
Wenn Mama Nongenile ihr eigenes Preislied sang,
Das einzige Mal,
Daß irgend jemand etwas Gutes über sie sagte.

Ndangena mna Nongenile kwathul' umoya
Yangen' intombi kaMahlathi Bhembe, kwakrakra mathe emlonyeni
Intomb' eyazalelwa esihlabathini solwandle eSajonisi
Kub' umama wayeyo qoqa onokrwece
Kanti akalibonanga ubi zulu liyezisa
Ndahlanzwa ngamanz'olwandle
Ndaphuma ndimhle okwekhwezi lomso!

Jetzt ist für Nongenile
Die Zeit zum Sprechen gekommen,
Sie muß zu den Menschen sprechen,
Die ihr aus dem Wege gehen,
Es sei denn, sie brauchen ihre Hilfe zur Erntezeit
Oder sie brauchen ihre Hilfe
Zum Tragen der schweren Pakete,
Die von den Männern aus den großen Städten kommen,
Oder sie brauchen ihre Hilfe,
Um ihre Dächer mit neuem Gras zu decken.
Doch niemals wird sie eingeladen
Zu einem kühlen Trunk,
Wenn die Arbeit getan ist.

Ich fresse keine kleinen Kinder,
Kein Grund zur Besorgnis.
Bitte versucht nicht mich zu vergessen,
Solange ich noch am Leben bin.
Es ist nicht leicht mich zu vergessen,
Lange noch nach meinem Tod
Werdet ihr hoch oben in den Bergen,
Jenseits des großen Flusses,
Das Echo meines Lachens hören.
Ich weiß, daß lange noch nach meinem Tode
Die Kinder eurer Kinder sich fragen werden,
Wie ich wohl ausgesehen hab.
Vielleicht werden sie meinen Namen rufend
In die Berge hinaufsteigen,
Vielleicht werden ihre kleinen Herzen hoffen,
Daß ich mich ihnen zeige
Und sie ein glückliches Spiel lehre.

Meine liebe Madam

Am 24. Februar 1980 erhielt ich eine Anstellung als Haushaltshilfe. Meine Madam war Engländerin und wohnte allein in einem kleinen Haus. Sie war von ihrem Mann geschieden, und ihre Kinder lebten in England. Unablässig hing sie am Telefon und erzählte ihren Freundinnen von ihrem »neuen Mädchen«.

Sie besaß ein Antiquitätengeschäft – der Laden war gleich nebenan, deshalb war sie auch nie dort. Alle Kunden kamen ins Haus, wo sie mit einer Tasse Tee oder Kaffee bewirtet und natürlich mit einem freundlichen Schwätzchen unterhalten wurden. Meine Madam war eine äußerst gesprächige Person. Egal, ob sie die Leute kannte oder nicht, erzählte sie jedem, der kam, dies und das aus ihrem Leben. Beschloß sie dann schließlich, ihre Kunden in den Laden zu führen, forderte sie mich stets auf, mitzukommen, egal, was ich gerade tat.

Das hatte seinen Grund darin, daß angeblich alle Hausmädchen, die im Laufe der Zeit bei ihr gearbeitet hatten, Diebinnen gewesen waren. Ihrer Aussage nach war ich zwar ein sehr gutes Hausmädchen, doch es hatte den Anschein, daß ich, was Diebereien anbelangte, in ihren Augen weder eine Ausnahme noch anders als meine Vorgängerinnen war. Das erschwerte für mich vieles, denn ich konnte mein Arbeitspensum nicht so schnell, wie ich es wollte, erledigen.

Um ehrlich zu sein: Das Haus war ziemlich klein, und weil sie allein lebte, gab es nicht sehr viel zu waschen oder zu bügeln. Daher holte sie gelegentlich ein Bündel Kleider aus ihrem Schrank, die sie, so glaube ich, mit Absicht nachlässig auf einen Haufen warf, damit ich etwas zu tun hätte.

Mir machte das nichts aus. Ein andere Schwierigkeit bestand darin, daß sie keinen Staubsauger besaß. Deshalb mußte ich jeden Tag alle Fußböden und Teppiche auf den Knien sauberwischen. Wenn etwas im Haushalt fehlte, so behauptete sie stets, daß eines der früheren Hausmädchen den betreffenden Gegenstand entweder gestohlen oder zerbrochen habe.

Eine Mittagspause gab es nicht. Was immer sie mir zu essen anbot, mußte ich schnellstens hinunterschlucken und dabei weiterarbeiten. Da sie eine ziemlich dicke Dame war, machte sie meistens irgendeine Diät, aber es gelang ihr nie, sich länger als zwei Tage daran zu halten, dann aß sie wieder unbekümmert alles, was dick macht.

Sie tat mir leid, doch konnte ich mir das Lachen nicht verkneifen, wenn sie erzählte, einem ihrer Freunde läge sehr viel daran, daß sie abnähme. »Wie wollen Sie das denn fertigbringen?« fragte ich lachend. »Ich weiß wirklich nicht, was ich tun soll, aber irgendwie muß es mir gelingen. Ich liebe ihn«, sagte sie und verzog das Gesicht dabei. Schließlich wurde daraus ein Witz. Ich wußte, sie würde es nie schaffen. Abnehmen war eine einzige Strafe für meine liebe Madam.

Die ersten beiden Wochen mit meiner lieben Madam waren sehr glücklich. Wir unterhielten uns ständig über dies und das in der Welt, über Dinge, die uns gefielen oder nicht gefielen. Manchmal erzählte sie mir von meinen Vorgängerinnen, die sich ihrer Meinung nach sehr schlecht benommen hatten.

»Was haben sie denn angestellt?« fragte ich.

»Sie haben mir meine Kleider gestohlen, mein Geld. Sogar mein Waschpulver haben sie geklaut.«

»Mhm, das war nicht nett von ihnen.«

»Nein, ganz gewiß nicht. Eine hat mir sogar einmal einen BH gestohlen, ein Erinnerungsstück. Ein Freund hatte ihn mir geschenkt.«

Ich sagte: »Das muß aber ein dickes Mädchen gewesen sein, die das getan hat«, und sie antwortete: »Ja, das war sie und sehr frech dazu!«

»Welche Schande, Ihre Hausmädchen haben Ihnen das Leben aber schwer gemacht, Madam!«

So unterhielten wir uns, und ich hatte Mitleid mit meiner armen Madam, ganz besonders, als sie mich eines Tages inständig bat: »Bitte, stiehl mir nicht meine Habseligkeiten. Ich spare nämlich darauf, sobald als möglich nach England zu gehen, und wenn du ein braves Mädchen bist, können wir beide nach England fliegen und dieses verrückte Land verlassen. Wie wäre das?«

Das alles meinte sie im Spaß und tätschelte mir dabei die Schultern, wie einem kleinen Mädchen. Ich lachte nur über solche Einfälle. Einmal sagte sie, drüben könnte ich sogar einen Neger heiraten. Reden konnte meine Madam wirklich gut, ja, das konnte sie!

Ich schaffte es nicht, schon um halb acht Uhr morgens anzufangen, wie sie es gern gesehen hätte. Also einigten wir uns auf acht Uhr. Sie hatte dafür Verständnis, denn ich wohnte sehr weit draußen, und die Busse fuhren äußerst unzuverlässig. Von der Bushaltestelle brauchte ich dann immer noch zehn Minuten zu Fuß bis zu ihrem Haus.

Das Fahrgeld für den Bus stellte ein ewiges Ärgernis dar. Ein Rand jeden Tag! Manchmal hatte ich nicht genug Geld für den Bus, und dann mußte ich mich auf meine Schwester verlassen, auf meine Freunde und auf jeden, dem es nichts ausmachte, mir ein paar Cents zu geben. Meine Madam hatte mir deutlich genug zu verstehen gegeben, daß sie es sich nicht leisten könne, mir auch noch den Bus zu bezahlen, denn sie spare darauf, in ihr Heimatland zurückzukehren, wo ihre alte Mutter sehr krank und unglücklich auf sie wartete.

Es dauerte nicht lange, und sie schlug vor, ich solle in das Dienstbotenzimmer im Hinterhof ziehen. Es interessierte mich, mir dieses Zimmer einmal anzusehen. Als ich die Tür öffnete, lockte mich ein gutgearbeiteter Schreibtisch hinein, der in ordentlichem Zustand schien. Der Raum war im wahrsten Sinn des Wortes winzig. Ich blickte auf ein Bett mit einer sehr alten dreiteiligen Matratze und auf einen elektrischen Herd mit zwei Platten, der aufgrund seines Alters als Nachttisch diente. Sonst befand sich nichts mehr in dem Zimmer. Ich schaute die Decke an. Sie war schwarz und voll Ruß, und ich konnte nicht umhin, mir vorzustellen, wie entsetzlich es sein mußte, wenn der Ruß zu schwitzen begänne (das ist doch das richtige Wort dafür?). Ich weiß nur, daß man jedes Kleidungsstück vergessen kann, auf das die schweren schwarzen Tropfen von einer solch rußigen Decke einmal gefallen sind.

Die Wände waren mit hellgelber Farbe gestrichen. Unglücklicherweise hatte sich die neue Farbe aber nicht mit der alten angefreundet und blätterte ab. Die beiden Fenster waren in einem passablen Zustand, ließen sich allerdings weder öffnen noch schließen. An beiden Fenstern hingen bildschöne rosafarbene Spitzenvorhänge, die ich einfach bewundern mußte. Aber das war auch alles.

Ich ging ins Haus zurück, und sie wollte wissen, was ich davon hielt. Darauf gab es nichts zu erwidern; ich zuckte nur mit den Achseln. Sie meinte, ich könne mir bis zum nächsten Tag überlegen, ob ich in das Zimmer einziehen wolle, und damit endete diese Geschichte, denn ich zog nie in das Zimmer ein. Dafür hatte ich meine guten Gründe: Sie hatte Angst, die Stufen hinunterzugehen, die von der Hintertür des Hauses auf den kleinen gepflasterten Hof vor dem Dienstbotenzimmer führten. Sollte mir also nachts etwas zustoßen, könnte ich keinerlei Hilfe von ihr erwarten. Außerdem gab es nicht einmal einen Schrank oder eine Kochgelegenheit, und meine Madam hielt nichts von festen Arbeitszeiten, was bedeutete, daß ich jederzeit verfügbar wäre, um Tee zuzubereiten und ihre Freunde zu bedienen.

Ich hätte also keine Zeit mehr für meine Studien und meine eigenen Interessen. Diese Aussichten gefielen mir nicht, absolut nicht.

Trotzdem mochte ich sie auf eine Art, denn sie war ein wenig kindisch. Doch unsere Freundschaft währte nicht lange.

Das Ende begann eines Tages, als ich für zwei Freunde von ihr Kaffee kochte. Meine Madam kam herein und verlangte von mir, die beiden Typen mit »Baas« anzureden.

Das kam so überraschend, daß ich nicht auf der Hut war. »Was! Sie machen wohl Witze!« Die Worte entfuhren mir, ehe ich daran dachte, daß ich mich entsprechend meinem Rang als Dienstmädchen benehmen mußte. Ich war einfach platt.

Was nun? Meiner lieben Madam blieb der Mund offenstehen. Sie schaute mich böse an, und es fiel ihr schwer zu glauben, daß ihr außergewöhnlich braves Dienstmädchen, das sonst stets »Ja, Madam!« sagte, jene Worte geäußert hatte. Die Typen, die ich mit »Baas« anreden sollte, waren mehr oder weniger in ihrem Alter. Sie lachten und fragten, warum ich denn »Baas« sagen sollte, anstatt sie mit ihrem Namen anzureden. Woraufhin meine Madam beschloß, das Thema fallenzulassen.

Als die Gäste gegangen und wir wieder allein waren, schickte sie mich in ein nahegelegenes Haushaltswarengeschäft, um Schuhcreme zu kaufen. Als ich an der Reihe war, wurde ich nicht bedient.

Wieder zu Hause sagte ich meiner Madam, mir wäre es lieber, sie ginge selbst in dieses Geschäft, wenn sie etwas haben wollte. »Ich nehme an, Sie würden sofort bedient«, fuhr ich fort.

»Warum?«

»Sie sind weiß, und eine der Regeln in dem Laden heißt: Weiße werden zuerst bedient, egal, wer an der Reihe ist«, erklärte ich ihr.

»Wer hat das gesagt?«

»Niemand. Das ging eindeutig daraus hervor, wie sie mich behandelt haben.«

»Du mußt einfach nicht daran denken, daß du schwarz bist, dann ist das Leben nicht schwierig.« Sie lächelte, als sie das sagte, und ehe ich etwas einwenden konnte, sprach sie weiter: »Vielleicht verhalten sie sich anders, wenn du sie mit ›Baas‹ anredest.«

Schon wieder dieses Wort! Das begann mir zu stinken. Das Wort wurde für mich zu einem Alptraum am hellichten Tag, denn es spielte sich ja alles tagsüber ab und nicht in der Nacht.

»Wenn es so ist, dann tut es mir leid, aber ich rede niemals jemanden mit ›Baas‹ an, sei er nun weiß, rot oder gelb.«

»Ich warne dich, meine Liebe, so kannst du dich nicht benehmen. Du solltest lieber vorsichtig mit deinen Äußerungen sein, laß dir das gesagt sein. Für eine Person, die nicht lernt, sich ehrerbietig zu betragen, ist Südafrika kein sehr angenehmes Land.«

Ich stellte nicht die Frage, was sie unter Ehrerbietung verstand, aber ich sollte es bald erfahren.

Wißt ihr, was am nächsten Morgen geschah? Ein paar von ihren Freunden kamen, um sich mit *mir* zu unterhalten!

»Worüber?« wollte ich wissen. Und ich erhielt als Antwort: »Einfach so, über das Leben im allgemeinen!«

Ich fühlte mich geehrt. Ich würde mich zu den *witmense* setzen und mich mit ihnen über das Leben im allgemeinen unterhalten.

»Wie alt bist du?« fragte mich eine hochgewachsene und gutaussehende Dame.

»Einundzwanzig.«

»Wo wohnst du?« fuhr die Große fort.

»In Alexandra.«

»Wohnst du gern dort?« Diese Frage kam von einem dicken bärtigen Typen. Das Haar auf seinem Kopf war glänzend schwarz, sein Bart ebenfalls, nur daß dieser ganz buschig war.

»Ja, ich wohne gern dort«, sagte ich.

»Wie gefällt dir deine Madam?« fragte Herr Schwarzbart weiter.

»Sie ist sehr freundlich«, gab ich ihm zur Antwort. (In dem Moment war sie gerade auf dem Klo.)

»Und sie ist der Meinung, daß du ein sehr gutes Mädchen bist«, sagte er lächelnd.

»Das freut mich.« Irgendwie stieg mir das Blut ins Gesicht. Ich war mir nicht ganz sicher, welchen Zweck dieses Verhör haben sollte.

»Sie hat mir erzählt, du interessiertest dich für Journalismus«, warf eine ältere Dame lächelnd ein.

»Ja, das stimmt.« Ich lächelte ebenfalls. Nicht, daß mir nach Lächeln zumute gewesen wäre, sondern, weil alle in diesem Raum ein Lächeln zur Schau trugen.

»Was würdest du davon halten, wenn du die Möglichkeit hättest, eine berühmte Journalistin zu werden?« fuhr sie fort.

»Keine Ahnung.«

Worauf alle in schallendes Gelächter ausbrachen. Einige mußten sich die Augen wischen, so sehr mußten sie lachen. Die Lange erholte sich am schnellsten, denn sie hatte sich eher zurückgehalten. Offensichtlich gehörte sie zu jenen, die den Mund nicht gern zu einem Lachen verziehen. Aber sie hatte eine ziemlich kurze Oberlippe, was ihr die Absicht, nicht zu lachen, vereitelte. Ganz auf das Gespräch konzentriert, mit ausdruckslosem Gesicht stellte sie mir nun folgende Frage:

»Wie stehst du zur Politik?«

Meine Güte! Die veränderte Richtung, die dieses Gespräch über das Leben im allgemeinen nahm, war deutlich spürbar! Ich bekam sie ganz besonders zu spüren...

»Wo warst du während der Studentenunruhen 1976?«

»Würdest du es vorziehen, wenn die Schwarzen das Land regierten?«

So viele Fragen! Ich wußte nicht, welche ich zuerst beantworten sollte, und entschloß mich deshalb für ein »Ich verstehe nicht viel von Politik!« als richtige Antwort.

Dann fragte die Oma: »Weißt Du etwas über die AZAPO* ?«

»Natürlich kenne ich den Namen dieser Organisation, mehr aber nicht«, erwiderte ich. Mir gefiel das alles überhaupt nicht. Hier fand kein offenes Gespräch mehr statt. Ich wurde verhört, und ich fühlte mich elend dabei, denn ich war unsicher, wußte nicht, wie ich damit umgehen sollte, und das machte mich immer unruhiger.

»Was hältst du von Mugabe?« Ein weiterer Schuß, diesmal von Schwarzbart abgefeuert. Die Fragen ließen aufhorchen, und sie suchten in meinem Gesicht nach einer Reaktion.

»Ich verstehe überhaupt nicht...«, und ich meinte damit genau das.

»Ich meine, ob du glaubst, daß er für diesen Job der richtige Mann ist«, erklärte Schwarzbart. Ich war noch überraschter als zuvor.

»Ja, denken Sie denn anders darüber?«

»Die schwarzen Afrikaner meinen, er sei großartig«, äußerte sich die Lange, und alle brachen in ein lautes Gelächter aus.

»Ihr Schwarzen werdet noch viel zu leiden haben.« Das sagte die Oma. Sie fuhr fort: »Leute, die euch helfen wollen, Leute, die die Lage hier richtig einschätzen, werden von euch als ›Verräter‹ bezeichnet.«

* AZAPO: *Azanian People's Organisation*. Schwarze Befreiungsbewegung im Südafrika der Apartheid.

»Ja, das ist sehr seltsam«, meinte die Lange. »Worte wie ›Verräter‹ und ›Marionetten‹ liegen in der Luft, und sie sind auf die falschen Leute gemünzt.«

»Man weiß ja nie, was die Schwarzen eigentlich meinen und wie sie die Dinge sehen«, sagte Schwarzbart.

Meine Madam war bis jetzt sehr schweigsam gewesen. Sie hatte nur mit dem Kopf genickt und gelacht. Nun entschloß sie sich zu sprechen: »Es geht ja nicht darum, wie sie die Dinge sehen. Sie sind einfach engstirnig...«

Sie redeten untereinander und wandten sich nicht mehr an mich, aber nun hatte ich das Bedürfnis, eine Frage zu stellen, und sagte laut: »Wer sind denn die Leute, die fälschlicherweise ›Verräter‹ und ›Marionetten‹ genannt werden?«

Die Lange schleuderte mir ihre Antwort entgegen: »Gatsha Buthelezi, Mantanzima...«

Meine Madam fand, das sei noch nicht genug, und half ihr weiter: »Mangope*«

»Sebe«, ergänzte ein Mann, der sich bis jetzt noch nicht geäußert hatte. »Ich weiß zwar nicht allzuviel über Mphephu, aber er scheint gar nicht so übel zu sein.«

»Denkst du auch, daß sie alle ›Verräter‹ sind?«

Ehe ich noch antworten konnte, kam mir Schwarzbart zu Hilfe: »Das ist doch offensichtlich. Alle Mädchen in ihrem Alter sind davon überzeugt.«

Ich hatte noch etwas zu sagen: »Ich habe zufällig in der Transkei gelebt, und deshalb weiß ich mehr über die Lebensbedingungen dort als Sie.«

»Wir müssen nicht dort wohnen, um zu wissen, wie glücklich die Menschen dort sind.« Das war meine Madam.

* Buthelezi, Mantanzima, Mangope: von den Weißen eingesetzte Premierminister in den sogenannten Unabhängigen Homelands im Südafrika der Apartheid.

»Mantanzima kann einem leid tun. Er gibt sich so große Mühe und tut das Beste, was er für die Schwarzen tun kann, und sie weigern sich einfach, die Dinge so zu sehen wie er«, sagte die Lange. »Und so ist es immer gewesen. Die Schwarzen wollen einfach nicht einsehen, wer ihre Interessen wirklich vertritt.«

»Weil sie so engstirnig sind. Weil ihr Horizont nicht größer ist als das hier«, erklärte meine Madam und legte die Zeigefinger aufeinander, um zu zeigen, wie engstirnig wir seien. »Kommunismus, das wollen sie, nichts anderes!« rief sie aus.

»Das hasse ich!« sagte die Oma nervös.

»Das tun sie sich selbst an, und daher ist es mir völlig gleichgültig. In dem Augenblick, in dem sie die Kommunisten hier ins Land bringen, brauchen wir uns um nichts mehr zu kümmern. Wir fliegen dann einfach nach Europa zurück«, sagte der stille Mann, und ich merkte, daß es ihm wirklich egal war.

Die Lange fand, daß er mit seiner Rede noch nicht zu Ende war, und fuhr für ihn fort: »Wir lassen sie einfach allein. Sie werden heulen und schreien, daß wir zurückkommen sollen, genau wie die Leute in Mosambik.«

»Sie sind zu engstirnig, um das einzusehen. Einfach verdammt blöd sind sie«, warf meine Madam ein.

»Als allererstes wissen diese Menschen ja nicht einmal, wie man überhaupt lebt«, meinte die Oma. Das amüsierte mich, und ich konnte nicht umhin zu sagen: »Vielleicht wissen sie es als zweites!«

Einige fanden das lustig. Andere ärgerten sich über eine derart törichte Antwort.

»Dein Mädchen könnte weder in Irland noch in der Schweiz leben.«

»Sie könnte es sich ja sowieso nicht leisten, dorthin zu gehen.«

Ich saß da, schaute einen nach dem andern an und lächelte gelegentlich. Man gab mir keine Gelegenheit, irgend etwas in die Debatte zu werfen, deshalb unterbrach ich sie einfach, wenn ich etwas sagen wollte.

»Wie ist es dort?« fragte ich Schwarzbart.

»In Irland? Guter Gott! Dort ist alles bestens in Ordnung… ich meine, die Menschen achten einander. Man ist freundlich und vernünftig. Überhaupt nicht wie hier in diesem wahnsinnig gewordenen Land!«

»Das stimmt. Ich sag euch, hier sind die Leute verrückt geworden.« Das war wieder die Oma. »Ich erinnere mich noch gut daran, daß wir zu Hause die Fenster immer weit offenstehen lassen konnten, niemand kam herein und bestahl uns«, fuhr sie fort.

Und da erinnerte sich auch meine Madam an etwas: »Das stimmt. Seht doch, was Chaka und Wahnsinnige wie er dem Volk angetan haben.«

»Das stimmt. Seht doch, was Hitler und Wahnsinnige wie er dem Volk angetan haben.« Ich mußte das einfach sagen, auch wenn meine Meinung nicht gefragt war. Die Wirkung war überwältigend.

»Dieses Mädchen ist verrückt. Mein Gott, sie ist verrückt!« schrie der stille Mann, sprang auf und setzte sich sogleich wieder. Er war überhaupt nicht mehr still. Später erfuhr ich, daß er Deutscher war.

»Tut mir leid, aber ich bin nicht verrückt.« Beim Anblick seines dunkel umwölkten Gesichtes mußte ich mich ja wohl entschuldigen.

»Meine Liebe, wenn ich du wäre, würde ich Gott danken für die schönen Kleider und die hübsche Halskette, die du hast.«

(Meine Madam hatte mir keine Arbeitskleidung zur Verfügung gestellt, deshalb mußte ich in meinen eigenen Sachen arbeiten.)

»Ihr Bauch ist voll, und sie hat ein Dach über dem Kopf, darauf kommt es doch an, das genügt«, sagte die Oma, und

Schwarzbart meinte, daß ich noch nichts vom Leben wisse – daß ich noch nie Leid erfahren hätte.

»Ja, sie glaubt mir nicht, wenn ich ihr erzähle, daß ich aus einer sehr armen Familie stamme. Ich weiß noch gut, wie wir tagein, tagaus, einen ganzen Monat lang, nur von Kartoffeln lebten, weil mein Vater krank war.« Das war meine Madam; ihre Augen weilten in der Ferne, als sie dies berichtete. Ich nehme an, sie sah sich selbst in jenen traurigen Tagen, und das veranlaßte alle, sich ihrer Kindheit zu erinnern.

»Ich stamme auch aus einer armen Familie. Meine Cousinen schenkten mir ihre Kleider, wenn sie ihnen nicht mehr gefielen. Ich habe nie etwas aus dem Laden getragen«, sagte die Oma und sah wirklich traurig aus dabei.

»Gestern erklärte sie, daß sie niemals jemanden ›Baas‹ nennen würde«, beklagte sich meine arme Madam hilflos.

»Warum sollte ich jemanden mit ›Baas‹ anreden?« erkundigte ich mich.

»Um denen, die über dir stehen, Achtung und Ehrerbietung zu erweisen«, erklärte die Oma entrüstet.

Ich lachte ein wenig, was alle Anwesenden ärgerte.

»Ich fürchte, man gestattet diesen Schwarzen zuviel«, meinte Schwarzbart.

»Sie haben mich hierher eingeladen, um sich mit mir über das Leben im allgemeinen zu unterhalten, nicht, um mir eine Lektion darüber zu erteilen, wie schwarze Hausangestellte sich benehmen sollen.« Mein Ton war, als ich so sprach, sehr unhöflich, was mir leid tat, aber bedauerlicherweise konnte ich meine Worte nicht hinunterschlucken.

Kurz vor elf beschlossen sie dann alle zu gehen. An mir zeigten sie keinerlei Interesse mehr. Ich war kein gutes und braves Mädchen mehr. Mit meiner Arbeit hatte ich überhaupt noch nicht angefangen an jenem Vormittag, deshalb mußte ich mich jetzt beeilen, denn meine Madam wollte zum Mittagessen ausgehen.

Sie war sehr still, nachdem sie mir erklärt hatte, daß sie von mir enttäuscht sei. Sie habe mich für eine gute und intelligente Hausangestellte gehalten, für eine, die wüßte, was gut für sie sei.

Ich bedauerte wirklich sehr, daß ich all diese Dinge gesagt hatte. Ich wünschte, ich hätte den Mund gehalten. Aber es ist sinnlos, sich mit »wenn ich doch bloß...« aufzuhalten. Ich rannte also in aller Eile hin und her, um so schnell wie möglich das Haus zu putzen. Von Zeit zu Zeit wurde ich unterbrochen: »Bitte noch eine Tasse Kaffee!«

Eines Tages schickte sie mich in das Haushaltswarengeschäft, um etwas zu kaufen, was sie als »Antrozit« bezeichnete. Ich hatte keine Ahnung, was das war, ging aber trotzdem hin. Diesmal war ich die einzige Kundin, deshalb wurde ich sofort bedient. Was ich kaufen sollte, führten sie nicht. Als ich dies meiner Madam berichtete, befahl sie mir, in allen umliegenden Cafés und in der Drogerie nachzufragen. Dort wunderten sich alle, daß ich »Antrozit« kaufen wollte, und meinten, ich könnte so etwas nur in einem Haushaltswarengeschäft bekommen. Auch das richtete ich meiner Madam aus. Sie war darüber sehr ungehalten.

»Dieses Land ist einfach verrückt. Bei mir zu Hause gibt es zu dieser Jahreszeit immer Antrozit.«

Sie fand, alle Südafrikaner seien dumm, und suchte bei ihrem ihr stets willkommenen Telefon Zuflucht. Sie rief alle Leute an, bei denen ich gewesen war, und erkundigte sich, warum sie kein Antrozit vorrätig hätten. Jedem sagte sie, sie müßten lernen, die den Bedürfnissen der Bevölkerung entsprechenden Artikel zu bestellen.

»Was soll der Unsinn, daß Sie kein Antrozit vorrätig haben? Sie sind Eigentümer eines Haushaltswarengeschäftes, aber um die Bedürfnisse der Bevölkerung kümmern Sie sich anscheinend nicht!«

Und so ging es in einer Tour fort. Sie war äußerst aufgebracht.

Am nächsten Tag schickte sie mich wieder hin, und wieder bekam ich eine abschlägige Antwort.

Am dritten Tag wußte sie, was zu tun war. Sie rief irgendeine Firma an und bestellte vier Säcke Antrozit. Am selben Nachmittag kam ein großer Lastwagen vorgefahren. Er war vollbeladen mit Kohlesäcken und außerdem mit acht oder zehn meiner eigenen Leute, die wirklich sehr schwarz aussahen. Einer der Männer, die vorn im Wagen saßen, kam und sagte meiner Madam, daß sie die Kohlen brächten. Bei diesem Mann handelte es sich offensichtlich um den Verantwortlichen.

Sie wies mich an, den Männern, die die vier Säcke trugen, zu sagen, sie sollten einen Moment warten, bis ich im Kellerraum Platz geschaffen hätte.

Aber von dem Augenblick an, als ich aus dem Haus trat, bombardierten mich die vier mit einem Schwall Beleidigungen in Zulu.

»Heyi wena masimb' akho, ulibele ukuvula umsunu endlini thina silinde wena la!« spuckte einer aus, und ein anderer schimpfte: *»Kucaban' ukuthi kuyazi lokhu kwesifebe!«* Und so ging es fort.

Ich wußte nicht im geringsten, warum sie so reagierten, und war sehr verärgert, denn ich hatte ja keine Kohlen bei ihrer Firma bestellt, und trotzdem überschütteten sie mich mit Beleidigungen. Und wißt ihr, was sie dann taten? In der Ecke vor dem Dienstbotenzimmer, dort, wo der Rasenmäher stand, schütteten sie die ganzen Kohlen ins Gras!

Und in wessen Haus geschah dies alles? Doch nicht im Haus meiner Madam! Das durfte nicht sein! Sie geriet vollkommen außer sich.

Eine ihrer Freundinnen war gerade zu Besuch. Beide stürzten aus dem Haus und schrien die Männer an, sofort mit dem Unsinn aufzuhören. Doch deren Reaktion war einfach unerhört.

Sie ließen sich nicht stören und leerten alle vier Säcke auf dem Rasen aus. Dann gingen sie, von dem wütenden Geschrei der beiden Frauen völlig unbeeindruckt, langsam zum Tor zurück.

Ich bin ganz sicher, daß sie Englisch verstanden, aber sie verloren über die ganze Angelegenheit kein einziges Wort. Meine Madam, die sich geschlagen geben mußte, ließ ihren ganzen Ärger an dem Verantwortlichen aus und forderte ihn auf, seine Firma anzurufen und sich zu erkundigen, welche Anweisungen die Männer, für die er die Verantwortung trug, erhalten hätten. Als er sich weigerte, ging sie selbst ans Telefon und rief dort an.

Die Gesellschaft schickte einen weißen Angestellten, um sich den entstandenen »Schaden«, wie sie es nannte, anzusehen.

»Was wollen Sie eigentlich? Sind das nicht die Kohlen, die Sie Lieferung frei Haus bestellt haben?« fragte der Mann verärgert.

Nun war es an meiner Madam, ihn fragend anzuschauen. Welche Reaktion! »Wollen Sie mir etwa weismachen, es sei korrekt, diesen Haufen Antrozit einfach irgendwo abzuladen – vielleicht noch in meinem Wohnzimmer?«

Beide sprachen über ein und dieselbe Sache, obwohl sie verschiedene Namen dafür benutzten. Endlich wurde mir klar, daß dieser *Anthrazit* einfach Kohle war.

Der Angestellte verlor nicht viele Worte. Er meinte nur: »Nun, die Kohlen liegen ja nicht in Ihrem Wohnzimmer!« und ging – einfach so.

Es war Zeit für mich, nach Hause zu gehen. Ich frage mich, wie viele Leute meine Madam an jenem Abend noch anrief, um den Zwischenfall zu schildern.

Am nächsten Morgen erzählte sie mir, sie habe die ganze Nacht geweint. Nachdem sie so verletzt worden sei, habe sie einfach nicht schlafen können.

»Der Kerl war äußerst kurz angebunden und unhöflich«,

erklärte sie dem Chef der Firma, der anscheinend etwas Mitgefühl zeigte.

Ich weiß nicht, was zwischen den beiden noch gesprochen wurde, doch eines weiß ich: Meine Madam war durch dieses Gespräch nicht zufriedengestellt, deshalb telefonierte sie als nächstes mit der Polizei. Mein Gott, sie meinte es sehr ernst. Sie sprach sogar davon, daß ihre *Würde* auf dem Spiel stehe.

Zwei junge Polizeibeamte erschienen. Sie empfing sie sehr freundlich und bot ihnen Kaffee an. Die beiden waren jedoch im Dienst und wollten sich nur den Schaden ansehen.

Sie ging mit ihnen hinaus in den Garten. Die Polizisten untersuchten den Rasenmäher, aber der war nicht beschädigt, nur schwarz vom Kohlenstaub. Auch die Hauswand war nicht beschädigt, außer daß an ein paar Stellen ein wenig Ruß zu sehen war.

Die Polizisten sagten, das Vorgefallene täte ihnen sehr leid, doch sie könnten in der Sache nichts weiter für sie tun, da keine ersichtlichen Beweise für den böswilligen Schaden vorlägen, aufgrund dessen sie die Polizei gerufen hätte.

Aber so leicht gab sich meine Madam nicht geschlagen. Sie bestand darauf, daß ich für die beiden Polizisten Kaffee kochte. Also blieb ihnen nichts anderes übrig, als das Angebot anzunehmen. Sie wußte, daß es keine andere Möglichkeit mehr gab, sie zum Bleiben zu bewegen, und sie wollte unbedingt weiter mit ihnen reden.

»Wissen Sie, was diese Schwarzen taten? Sie haben ohne ersichtlichen Grund mein Hausmädchen hier beleidigt.«

»Was haben sie denn zu ihr gesagt?« erkundigten sich die Gesetzeshüter.

»Etwas Entsetzliches über sie als Frau.«

Das hatte ich ihr erzählt, als sie wissen wollte, weshalb ich so verärgert war.

Die Gesetzeshüter wollten mich sprechen, also kam ich.

Sie sagten: »Willst du sie anzeigen? Das kannst du tun, wenn dir daran liegt.«

Diese Worte zauberten ein Lächeln auf das Gesicht meiner Madam, und sie schaute mich ängstlich und erwartungsvoll an.

»Ich möchte überhaupt nichts mit der Polizei zu tun haben«, sagte ich. »Ich habe Angst vor der Polizei.«

»Du ziehst es also vor, ihnen zu verzeihen?«

»Ja, Sir«, antwortete ich höflich.

»Was macht dir denn Angst vor der Polizei?«

»Die Schußwaffen, die Sie tragen.«

Die beiden Polizisten lachten, doch meine Madam war den Tränen nahe, weil sie so zornig war über mein Verhalten.

Nachdem die Polizisten gegangen waren, kam sie zu mir und sagte: »Ich schäme mich für dich. Ich wollte dir nur helfen, aber du bist zu dumm, um das zu merken. Du hast es sogar fertiggebracht, mir in den Rücken zu fallen. Du bist genau wie deine Leute, die eine schwarze Seele haben, wie die Kohlen, die sie transportieren!«

Ich schwieg, denn ich fürchtete, daß sie noch mehr außer sich geraten würde. In dieser Angelegenheit war ich mir ja selbst meiner Gefühle gar nicht so sicher. Ich wandte meine Gedanken den Geschehnissen des Vortages zu, und ich hörte deutlich, wie die Männer mich beschimpften. Dieses Mal wurde ich nicht zornig. Ich begann nach den Gründen zu suchen. Ich versetzte mich in ihre Lage und dachte in aller Ruhe über die Problematik nach.

Erstens waren die Männer nicht etwa müde vom Säcketragen gewesen, denn sie hatten die Säcke nur das kurze Stück vom Lastwagen zum Haus getragen. Zweitens hätten sie sie absetzen und auf unsere oder meine Anweisungen warten und diesen Folge leisten können. Aber ich hatte ja noch kein einziges Wort geäußert. Eines wußte ich: Diese Männer waren bewußt grob und unhöflich. Warum? Sie sind gezwungen, eine solche Arbeit zu tun, und sie werden immer »Boys« genannt. Das führt dazu, daß sie sich sehr unsicher fühlen. Sie halten sich für unterlegen, minderwertig – selbst Frauen gegenüber. Das alles schmerzt und verletzt sie und beraubt sie ihrer Männlichkeit. Um sich von der ihr Denken und Fühlen beherrschenden Demütigung und Frustration zu befreien, spucken sie Worte aus, die uns verletzen.

Mein Zorn legte sich. Die Männer taten mir leid, denn ich verstand sie nun. Ich wünschte mir nur, daß auch sie verstünden, daß wir Frauen nicht auf sie als »Boys« herabsehen. Sie sind unsere Männer. Nachdem ich zu diesem Schluß gekommen war, fühlte ich mich sehr erleichtert. Wir (meine Madam und ich) hatten uns für den Rest des Tages nicht mehr viel zu sagen.

Am nächsten Tag entdeckte ich, daß die Kohle verschwunden war und ebenso meine Arbeitsschuhe, die im Dienstbotenzimmer gestanden hatten. Die Kohlemänner waren gekommen und hatten die Kohlen wieder abgeholt, weil meine Madam sie nicht mehr haben wollte. Niemand war gebeten worden, die Schuhe mitzunehmen. Es war ein törichter Diebstahl, denn sie waren sehr alt gewesen.

Jeden Tag nun wurde ich an meine Hautfarbe erinnert und aus diesem oder jenem Grunde verletzt oder geärgert. Das schmeckte mir absolut nicht, denn ich bringe es nicht fertig, jemanden zu hassen. Ich nahm mir ein wenig Zeit, um in den Kalender zu schauen, und sah, daß es der neunundzwanzigste war.

»Morgen ist Monatsende«, sagte ich mir. »Ich bekomme meine 40 Rand, und dann verschwinde ich, um mich in diesem Teil der Welt nie wieder blicken zu lassen.«

An jenem Nachmittag ging ich nach Hause und wünschte, ein Wunder geschähe und der nächste Tag wäre schon da, um mich zu erlösen. Endlich war es soweit, und ich wartete darauf, meinen Lohn zu erhalten.

»Ich habe vergessen, daß Monatsende ist. Tut mir leid. Morgen bringe ich alles in Ordnung.« Und mit einem zufriedenen Lächeln entließ sie mich.

Der Gedanke, noch einmal auf morgen warten zu müssen, war mir schrecklich. Und das Schlimmste war, daß ich keinen einzigen Cent mehr für den Bus am nächsten Tag hatte, was bedeutete, daß ich mir von irgend jemandem einen Rand borgen mußte.

An jenem Abend aß ich nichts, denn ich hatte überhaupt kein Geld mehr. Jeden Cent mußte ich für den Bus reservieren.

Es war der erste Mai, und ich war sehr schweigsam. Wie gewohnt tat ich meine Arbeit. Ich konnte nicht umhin, daran zu denken, daß ich für diesen Tag keinen Lohn erhalten würde. Trotzdem fuhr ich ruhig mit meiner Arbeit fort.

Einige Mädchen, die in der Nachbarschaft arbeiteten, fragten mich, ob ich denn keine Schwierigkeiten mit meiner Madam hätte, wenn es ans Zahlen ginge. Ich erzählte ihnen, daß ich meinen Lohn noch nicht erhalten hatte. Sie lachten und meinten, sie sei nicht gerade liebenswürdig, wenn sie den Lohn auszahlen solle.

Das beunruhigte mich, doch ich hoffte, sie würde mit mir anders umgehen, denn ich wollte nicht noch mehr Probleme mit ihr haben.

Sie fragte mich unablässig, warum ich so unglücklich aussähe. Ich schwieg einfach oder antwortete halbherzig: »Es ist nichts.«

Dann wies sie mich an, den Fußboden im Laden zu wachsen und zu polieren.

Kurz, es war der schwierigste Tag, den ich bis jetzt gehabt hatte. Während ich im Laden putzte, zerbrach ich eine Blumenvase, und sie wollte mir beweisen, daß ich es absichtlich getan hätte, denn ich hätte den ganzen Tag über nicht einziges Mal gelacht, was zeige, wie faul ich sei. Mir lag auf der Zunge zu fragen, ob Lachen Teil meiner Arbeit sei, aber ich hielt den Mund.

Es war schon nach vier Uhr, als ich sie um das Geld bat. Da sagte sie mir, ich müsse noch die Wäsche bügeln, ehe ich es bekäme.

Ich war nun sehr müde, weigerte mich zu bügeln und erklärte, daß sie mich für diesen Tag ja nicht bezahlen würde, und deshalb müsse sie verstehen, daß ich nicht bereit sei, jetzt noch länger zu arbeiten.

»Du dummes Mädchen!« rief sie aus und ging in ihr Wohnzimmer. Mich ließ sie draußen stehen und auf das warten, was mir gehörte.

Drinnen setzte sie sich zu ihren Freunden, die sich eifrig unterhielten. Nach fünf Uhr erschien sie wieder und wies mich an, sie in den Laden zu begleiten. Sie holte das Geld hervor; es waren 36 Rand. Als Erklärung brachte sie hervor, ich müsse für die zerbrochene Vase zahlen, nämlich zwei Rand, und die anderen zwei Rand habe sie abgezogen wegen der Dinge, die sie mir geschenkt habe, nämlich zwei alte Aktenordner und die gelegentliche Busfahrt.

Es war mir gleichgültig. Ich wollte nur noch verschwinden.

»Vergiß nie, daß ich die Herrin bleiben werde und du zur Klasse der Sklaven gehörst. Sterben wirst du mit einem Besen in der Hand. Im Leben wirst du es nie zu etwas bringen, denn du bist schwarz und dein Denken ist schwarz. Schwarze werden dieses Land nie regieren, denn sie können nicht denken. Hast du das verstanden?«

Das waren die letzten Salven von meiner lieben Madam.

»Ja, Madam.« Ich mußte sie einfach ein letztes Mal noch Madam nennen. Dann wandte ich ihr den Rücken zu, um mich in jenem Teil der Welt niemals mehr blicken zu lassen.

Wie ein lautes Flüstern

Ich bemühte mich nur,
Höflich zu sein,
Denn Suppe esse ich nicht oft,
Es sei denn,
Ich weiß genau,
Wer sie gekocht hat.
Es könnte etwas darin herumschwimmen,
Irgend etwas,
Das haben Suppen so an sich,
Und die Suppe von heute
Sah mir sehr verdächtig aus.
Bei jedem Löffel, den ich schluckte,
Zwang ich mich, höflich zu sein,
Immer höflich, höflich, höflich…
Und tapfer!

Und nun seht,
Wohin mich diese Höflichkeit
Gebracht hat:
Mein Magen, mein Kopf, mein ganzes Sein,
Ein einziges Chaos.
Es herrscht Aufruhr, nichts als Aufruhr!

Und ich spüre Mamas Hand
Auf meinem Haar,
Höre ihre Stimme
Wie ein lautes Flüstern:
»Iß nie mit ungewaschenen Händen!
Biete niemals Essen an einem schmutzigen Ort an!«

Darüber,
Daß andere Leute mir unsauberes Essen
In nicht sehr sauberer Umgebung anbieten,
Hat sie nie etwas gesagt.
Oder habe ich es nie gehört?

1995

Sag nein

Sag nein, schwarze Frau,
Sag nein,
Wenn sie deinen arbeitslosen Sohn
Tsotsi schimpfen.
Sag nein!
Sag nein, schwarze Frau,
Sag nein,
Wenn sie deinen Mann
Mit seinen sechzig Jahren
Boy rufen.
Sag nein!

Sag nein, schwarze Frau,
Sag nein,
Wenn sie deine Tochter
Im Gefängnis vergewaltigen
Und sie Nutte nennen.
Sag nein!

Sag nein, schwarze Frau,
Sag nein,
Wenn deine weiße Schwester
Für dich die Madam sein soll.
Sag nein!

Sag nein, schwarze Frau,
Sag nein,
Wenn dein weißer Bruder
Für dich der Baas sein soll.
Sag nein!

Sag nein, schwarze Frau,
Sag nein,
Wenn sie einen Gewerkschaftler
Terrorist nennen.
Sag nein!

Sag nein, schwarze Frau,
Sag nein,
Wenn sie dir
Auf dem Wagen der Befreiung
Den hintersten Platz einräumen, sag nein!
Ja, schwarze Frau,
Ein entschiedenes NEIN!

1981

Mein Vater

Es ist einfach schade, daß ich so weit weg von zu Hause wohne – aber der Job, den ich habe... Eigentlich sollte ich mich nicht beklagen, es geht mir wirklich gut, im Augenblick läuft alles, wie ich es mir nicht besser wünschen könnte. Aber Gott weiß, was für ein Heimweh ich habe! Es hört sich vielleicht verrückt an für eine erwachsene Frau wie mich, daß ich dem nicht Einhalt gebieten kann... Zu Hause bin ich die Jüngste von allen, deshalb behandeln sie mich wie ein Baby, vielleicht ist es das, was mir fehlt! Ganz besonders aber fehlt mir mein Vater. Ich bin ja wirklich nicht allzuoft zu Hause, aber wenn ich da bin, dann ist das Zusammensein mit ihm ganz besonders schön. Mit dem letzten Theaterstück, in dem ich spielte, gingen wir sechs Monate lang auf Tournee, und als wir schließlich zurückkamen, war ich erschöpft. Ich wußte, daß ich keinerlei Tabletten oder sonstige Medikamente brauchte – eine Woche Nichtstun zu Hause war alles, was not tat.

Ich nahm das Flugzeug von Johannesburg nach Durban, und nach ungefähr zwei Stunden, gegen halb vier nachmittags, war ich daheim. Nach dem Mittagessen am Sonntag hatte sich dort die ganze Familie versammelt. Und das gehört zum Zuhausesein auch dazu: ein großes Familientreffen! Alle meine verheirateten Schwestern, meine Schwäger, meine Brüder mit ihren Frauen, Nichten und Neffen – alles rannte durcheinander, stolperte übereinander, weinte und lachte... Ihr wißt schon, wie das ist!

Ich sorgte für meinen Anteil bei der Unterhaltung mit den Erwachsenen, aber dann sah ich zu, daß mir noch viel mehr Zeit für Spiel und Spaß mit den Kindern blieb. Ihr könnt Euren letzten Pfennig darauf verwetten, daß es dort, wo ich bin, eine Menge Lärm gibt! Ich muß immer lachen, wenn ich daran denke, wie sehr sich meine Familie darüber freut, wenn ich zu Hause bin, aber mein Gott – der Lärm, den ich mit den Kindern mache! Ich nehme an, sie haben die Hoffnung darauf, daß sich das je ändern wird, längst aufgegeben. Mein Vater ergreift regelmäßig Partei für mich. Er sagt, das könne gar nicht anders sein, weil ich selbst noch klein sei! Er kauft mir doch tatsächlich Süßigkeiten, wenn er in die Stadt geht, und so umsorgt zu werden gefällt mir!

Und dann ist da noch etwas: Unser Haus ist das einzige, das in der alten Heimat stehengeblieben ist. Alle anderen Familien sind in die neue Township zwangsumgesiedelt worden, und ihre Häuser gibt es nicht mehr. Von Anfang an haben die Behörden damit gedroht, auch uns umzusiedeln, aber in dieser Sache ist mein Vater unerbittlich geblieben. Er weigert sich, das Haus zu verlassen, das er mit seinen eigenen Händen gebaut hat, die Bäume, die er gepflanzt, und die dicke Mauer aus Steinen, die er als Umzäunung für das Vieh errichtet hat. Er will das Vieh nicht verkaufen, denn er liebt die Tiere, und er liebt ihr Muhen früh am Morgen. Außerdem geben ihm die Kühe Milch, so daß er keine kaufen muß. Mein Vater mag sehr gerne *amasi* – eine Schüssel voll *uphuthu*, dünnem Maispüree, und dazu dicke saure Milch, frisch aus der Kalebasse. Wißt Ihr, so etwas macht mich ganz verrückt – zu Hause zu sein und mich draußen im Schatten eines *umsalinge*-Baumes dem Genuß einer Schüssel mit *amasi* hinzugeben!

Das Haus ist geräumig, aus schweren, dicken Steinen gebaut und hat sieben Zimmer. In diesem Haus sind wir alle großgeworden. Wir spielten meistens auf der Veranda, außerdem bauten wir uns ringsumher unsere eigenen Häuser aus Steinen und Sand, Zweigen und alten Blechbüchsen... aus allem, was uns unter die Finger kam. Danach mußten wir regelmäßig den ganzen Hof aufräumen, denn wir hinterließen immer ein Chaos. Aber es hat Spaß gemacht. Hinter dem Haus stehen große Bäume, und dann kommt der staubige Fahrweg, der zum nicht weit entfernten großen Einkaufszentrum führt. Ich weiß nicht, wie oft ich weinend nach Hause gekommen bin, weil ich auf dem Weg zu den Läden im staubigen Sand der Straße mein Geld verloren hatte. Wißt Ihr, es gab da so ein Spiel: Wir setzten uns alle auf die Straße, spreizten unsere Beine und häuften Sand auf, in dem wir fünfzig Cent – oder was immer man uns zum Einkaufen gegeben hatte – versteckten. Dann versuchten wir das Geld wiederzufinden. Wer es zuerst entdeckte, hatte gewonnen. Es erübrigt sich zu erwähnen, daß das Geld viele Male auf Nimmerwiedersehen im Sand verschwand, was uns eine gehörige Tracht Prügel einbrachte. Ich weiß noch gut, wie ich mir angewöhnte, jedesmal, wenn mir solches widerfahren war, zum Fluß Mncadodo hinunterzurennen und dort zu baden – ich weiß nicht warum, aber es linderte wohl den Schmerz! Wie sehr liebe ich noch immer dieses Zuhause! Mein Vater argumentiert, daß es einfach dumm sei, in die Township umzuziehen, dort in einem Häuschen mit vier Zimmern zu wohnen und sein großes Haus leerstehen zu lassen, wo sich dort doch die Gräber unserer Großeltern und anderer Mitglieder unserer Familie befinden.

Ich teile seine Meinung, wahrscheinlich, weil ich in Johannesburg wohne und den größten Teil des Tages und der Nacht gezwungen bin, mir den Lärm von Lastwagen, Bussen, Motorrädern, Feuerwehrautos und Telefonen anzuhören und verschmutzte Luft einzuatmen, und dabei ständig auf der Hut sein muß, diesen oder jenen Termin nicht zu verpassen... Wenn ich zu Hause bin, trage ich nicht einmal meine Uhr. Sie gehen daheim so früh zu Bett, daß ich mich am ersten und zweiten Tag regelmäßig darüber beklage, dann mache ich es wie sie, um erst spät am nächsten

Morgen zum wunderschönen Gesang der Vögel aufzuwachen. Ich werde ganz aufgeregt, wenn ich auch nur daran denke! Ich glaube, mein Vater hat recht, daß er einfach dableibt. Doch dann mache ich mir unablässig Sorgen darüber, was die Behörden wohl als nächstes planen. Die wahnsinnigen Zwangsumsiedlungen in diesem Land: Man muß sich einfach weigern, dorthin zu gehen, wo sie es wünschen, und in dem Haus zu wohnen, das sie für uns aussuchen!

Ich muß wieder einen Besuch machen, ehe irgendwas passiert. Mein letzter Besuch war sehr schön, und den Tag, an dem mein Vater und ich zusammen in die Stadt gingen, werde ich nie vergessen. Ich glaube, es war ein Dienstag. Als er vorschlug, am nächsten Tag einen Ausflug in die Stadt zu unternehmen, freute ich mich so sehr darauf, daß ich mich an Fotos erinnerte, die wir auf solchen Ausflügen gemacht hatten, als ich noch sehr klein war. Und mir fiel der Tag wieder ein, an dem ich in der Stadt stundenlang weinte, weil ich eine blaue Handtasche haben wollte, die zu meinem blauen Kleid mit dem Ziegenmuster gepaßt hätte. Ich war so stolz auf dieses Kleid – ein gestärkter Petticoat gehörte dazu!

Also gingen wir an jenem Dienstag in die Stadt – nur wir zwei allein. Beide trugen wir lange Cordhosen und warme Pullover. Ich glaube, ich bin jetzt so groß wie mein Vater. Als Kind war ich dick und rund, und niemand hätte es je für möglich gehalten, daß ich so groß und schlank werden würde, wie ich heute bin. Es war mitten im Winter – Anfang Juli, glaube ich –, und es war sehr kalt. Meine Mutter stand in der Tür, schaute uns nach und lachte: In unserem Aufzug sähen wir wie zwei Brüder oder wie zwei dicke Freunde aus. Im Zug erzählte mir mein Vater von allen möglichen Neuerungen und Veränderungen, die seit meinem letzten Besuch stattgefunden hatten, und brachte mich so auf den neuesten Stand. Während der ganzen halben Stunde im Zug bis Durban redeten und lachten wir leise zusammen. Er bat mich, ihn in der Stadt daran zu erinnern, schwarze Schuhcreme zu kaufen. Er habe vergessen, es aufzuschreiben. Und dann bestand er darauf, daß ich, wenn wir wieder zu Hause wären, ihn mit seiner Lieblingskuh fotografieren müsse, denn die Kuh habe ein wunderhübsches braunweiß geflecktes Kalb.

In der Stadt vergnügten wir uns mit einem ausführlichen Schaufensterbummel, kauften dieses und jenes, blieben stehen und unterhielten uns mit Leuten, die meinen Vater kannten. Nun stellte er sie seiner jüngsten Tochter vor, die in der »Stadt des Goldes« wohnte. Wir schauten uns auch in Fahrradläden um, denn mein Vater hatte früher ein Fahrrad besessen, und er meinte, er fühle sich auf dem Fahrrad weit sicherer als in einem Auto oder dem Bus. Übrigens, wenn wir schon davon reden, muß ich erwähnen, daß meine Eltern sich mit meiner Gewohnheit, mit dem Flugzeug von Johannesburg zu kommen, nicht abfinden können. Sie sagen, ich liefe Gefahr, dort oben am Himmel einfach zu verschwinden, und sie müßten dann losgehen und mich in den Wolken suchen. Einer meiner Neffen fragte mich einmal, wie lange der Flug von Johannesburg nach London dauere, und als ich ihm geantwortet hatte, fragte er: »Aber was tust du, wenn es pressiert und du auf die Toilette mußt?« Ich erklärte ihm, daß es im Flugzeug Toiletten gäbe. Alle hielten vor Schreck den Atem an. Das bedeute ja, daß das ganze Zeug ihnen, die sie unten spazierengingen, auf den Kopf fiele! Ich mußte lachen, auch wenn ich daran dachte, daß die Kinder früher jedesmal, wenn sie ein Flugzeug sahen, gerufen hatten: *»Elapreni!«* oder *»Banoyi!«* »Bring uns eine kleine Schwester!« Als Kinder glaubten wir, daß Flugzeuge die kleinen Kinder brächten, daß unsere Mütter zu den Krankenhäusern flögen und dort Babies kauften!

Wie dem auch sei – eben habe ich doch begonnen, von unserem Tag in der Stadt zu erzählen. Also: Wir liefen durch die Straßen und landeten schließlich in einem kleinen Café an der Uferstraße. Vorher hatten wir uns noch die Rikschas und ihre Fahrer angeschaut. Diese Männer finde ich einfach faszinierend mit ihren riesengroßen Füßen, den leuchtend bunten Anzügen und dem Kopfputz mit den hervorstehenden Hörnern. Dann aßen wir in dem Café etwas zu Mittag und tranken Kaffee. Es war ziemlich kalt und der Himmel mit tief hängenden dunklen Wolken bedeckt. Nach dem Kaffee schlug mein Vater vor, zum Wasser hinunterzugehen und uns dort auf die Felsen zu setzen. Das Meer war ruhig und unendlich. Wir gingen hinunter und fanden einen Platz, dann zogen wir Schuhe und Strümpfe aus und streckten die Füße ins Wasser. Ich finde es immer wieder erstaunlich, daß Wasser – Fluß- oder Meerwasser – sich stets wärmer anfühlt als die Kälte der Luft.

Stundenlang, so schien mir, saßen wir da mit den Füßen im Wasser. Wir redeten und redeten und schauten dabei hinaus auf das Meer. Manchmal lachten wir, aber manchmal sprachen wir auch darüber, daß ich so weit weg von zu Hause wohnte und so viel auf Reisen war und daß ich nie wußte, ob meine Eltern krank oder vielleicht gar schon tot waren. »Oder du kommst möglicherweise eines Tages nach Hause und mußt feststellen, daß die Weißen schließlich doch ihren Willen durchgesetzt haben und es unser Haus gar nicht mehr gibt. Was wirst du dann tun? Nimmst du deinen Koffer und läufst herum, um dich bei den Leuten nach unserer neuen Adresse zu erkundigen?« Ich antwortete nicht, ich wünschte nur, wir wären nie auf dieses Thema zu sprechen gekommen. Wir saßen noch immer da und bemerkten nicht einmal den Regen, der leise einsetzte. Langsam wurden die Regentropfen immer größer.

Ich schaute meinen Vater an, wartete darauf, daß er das Zeichen zum Aufbruch gäbe, aber er tat es nicht. Wir blieben einfach sitzen und redeten weiter. Ich hatte meinen dicken Mohairpullover übergezogen, und auch er trug einen warmen Pullover, doch sie würden uns vor dem Regen nicht schützen. Der Regen fiel jetzt dichter, und noch immer saßen wir da mit unseren Füßen im Wasser, und unsere Schuhe füllten sich langsam mit Regenwasser. Mein Haar ist ziemlich lang und dicht, doch war es schon ganz naß. Der Regen prasselte uns auf den Rücken, und ich merkte, daß ich hinten bereits bis auf die Haut durchnäßt war. Langsam fand ich Spaß an der ganzen Sache – versteht Ihr, es war, als stünde ich an einem trockenen, sicheren Ort und beobachtete diesen alten Mann und seine Tochter, die mitten im Winter im strömenden Regen an einem verlassenen Strand saßen und redeten! Es war einfach zum Lachen! Ich fror, und ich wußte, daß auch meinem Vater kalt war, aber ihm machte es wohl nichts aus, einfach sitzenzubleiben. Also beschloß ich, daß ich kein Wort sagen würde. Und so saßen wir da – es kam mir wie eine Unendlichkeit vor –, bis nur noch kleine Tropfen vom Himmel fielen, die kaum mehr Regen zu nennen waren. Meinem Vater fiel nun ein, daß wir seine Schuhcreme immer noch nicht gekauft hatten, und er stand auf, leerte das Regenwasser aus seinen Schuhen, wrang seine nassen Socken aus und zog sie an. Ich tat dasselbe, dann gingen wir langsam in das Café zurück und bestellten zwei Tassen Kaffee. Als wir uns so pudelnaß auf die hübschen kleinen Stühle setzten, genierte ich mich ein wenig. Aber sie hatten uns hereingelassen und servierten uns den Kaffee. Nur wenige Gäste saßen da; einige tauschten bezeichnende Blicke aus, ließen uns dann aber in Ruhe. Wir genossen den heißen Kaffee, bezahlten und gingen. Mochten sie denken, was sie wollten!

Im Zug starrten uns die Leute verwundert an. Ich weiß wohl, daß wir einen unmöglichen Anblick boten: so naß, als wären wir mit unseren Kleidern im Meer geschwommen. Niemand setzte sich neben uns. Mein Vater sah sich die Leute an, dann blickte er lächelnd auf mich. Ich lächelte zurück und lachte ein wenig in mich hinein. Ich hätte zu gerne gewußt, was die Leute im Zug über uns dachten. Was stellten sie sich wohl vor, als wir uns anlächelten?

»Vielleicht denken sie, ich hätte eine Affäre mit ihm, wahrscheinlich glauben sie, er sei mein Sugar-Daddy und wir hätten uns irgendwo in den Außenbezirken der Stadt im Regen geküßt…« Ich lachte über mich selbst, daß ich so etwas auch nur gedacht hatte. Wir sehen doch so sehr wie Vater und Tochter aus, jeder Dumme kann das an unseren Gesichtern ablesen! Ich erinnere mich nicht, daß wir auf dem ganzen Weg nach Hause überhaupt über den Regen oder darüber, daß wir naß waren, gesprochen hätten, nein, wir redeten einfach weiter – zumindest mein Vater –, als wären wir genau so trocken wie alle anderen auch.

An jenem Nachmittag kurz vor Sonnenuntergang melkte mein Vater seine Lieblingskuh, die mit dem braunweiß gefleckten Kalb. Durch die Wolken fiel ein Strahl der späten Nachmittagssonne auf sie. Ich stand da, und auch ich verliebte mich in das Kalb. Ich holte meinen Apparat und fotografierte die drei – meinen Vater, seine Kuh und ihr Kalb. Das Bild hängt in meinem Zimmer an der Wand. Ich schaue es an, und ich lächle.

Ich habe mein Herz verloren

Ich habe mein Herz an das Gebet eines alten Mannes verloren,
Wie er sich auf eins seiner Knie niederließ
Und seine Hände auf dem anderen ruhten,
Wie er sein Gesicht nach oben wandte,
Seine mächtige Stimme erhob,
Daß die Kirche davon widerhallte.

Ich habe mein Herz an das Gebet eines alten Mannes verloren,
Wie er tief Luft holte, damit er einen langen Atem hätte,
Um den Gott zu loben,
Der ihn liebte und sein Gebet hörte.
Er pries den Gott, von dem er wußte,
Daß er die Sonne ist, die über uns scheint,
Ob wir reich sind oder arm,
Die Sonne, die uns Wärme schenkt, Licht und Leben.

Ich habe mein Herz an das Gebet eines alten Mannes verloren,
Wie sich sein Körper in ruhigem Gleichmaß wiegte,
Als er den Gott pries, von dem er wußte,
Daß er der Mond ist,
Der des Nachts über unseren Häusern steht,
Um uns zu trösten.
Er pries den Gott, von dem er wußte,
Daß er das Wasser schenkt, das wir trinken,
Und die Luft, die wir atmen.
Auch wußte der alte Mann

Von den zahllosen Sternen am Himmel,
Die Gottes Augen sind,
Die über einem jeden von uns wachen,
Und er pries ihn dafür.
Sein Gott schien keineswegs
Ein alter Mann mit langem Bart
Und weißem Gewand zu sein.

Dann verlor ich mein Herz
An die Stimme eines jungen Mädchens,
Wie sie die Lieder der Methodisten sang,
Als wären sie nur für sie geschrieben,
Wie sie mit gespreizten Beinen dastand,
Als sei dies entscheidend für ihr Singen,
Wie sie jedesmal lächelte und sich an den Hals griff,
Wenn sie mich dabei ertappte,
Wie mein Blick auf ihr ruhte.
Ihr Suchen nach meiner Hand fehlt mir.
Wenn der alte Mann zu beten anhob,
Schlossen wir beide nie die Augen.

Ich habe mein Herz an das Gebet eines alten Mannes verloren,
Wie er für uns alle betete,
Für die Jungen und die Alten,
Aber mehr noch für die Jungen und die Ungeborenen,
Wie er sich zu entspannen schien
Und seine Stimme leiser wurde,
Als er mit Gott ein Gespräch begann,
Um mit ihm die Zukunft von uns Jungen zu bereden.
Er fragte, ob Gott wohl die Notwendigkeit erkannt habe,
Daß nun ein außergewöhnliches Maß an Kraft vonnöten sei,
Denn die Zukunft versprach nicht viel Gutes.
Er fragte, ob Gott wohl wußte,

Daß einige seiner Kinder zu viele Probleme hatten
Und andere überhaupt keine.
Er fragte, ob Gott es wohl so geplant habe,
Daß für eine bestimmte Zeit
Unseres Aufenthalts hier auf Erden
Einige arm sein mußten
Und andere im Überfluß lebten,
Bis es Zeit sei für einen Wechsel.

Ich habe mein Herz an das Gebet des alten Mannes verloren,
Wie sich sein Tonfall änderte
Und er von Gott forderte, daß er ein Einsehen hätte.
Er betonte, daß die eine Hälfte
Ihre Probleme viel zu lange tragen müßte,
Ganz sicher sei jetzt die Zeit für den Wechsel gekommen,
Ganz sicher wolle Gott nicht,
Daß die Jungen in dieser Finsternis erwachsen würden,
Ganz sicher wolle Gott nicht,
Daß die Ungeborenen in diese Kälte hineingeboren würden.
Weiß Gott denn nicht,
Daß wir vergessen werden, wie man kocht,
Wenn nichts zu essen da ist?
Weiß Gott denn nicht,
Daß wir vergessen werden, wie man Häuser baut,
Wenn es keinen Ort gibt,
An dem wir bauen können?

Ich habe mein Herz an dieses einfache Gebet verloren:
Nahrung zum Leben
und ein Haus als Heimat.

Das Krokodil

In den sechziger Jahren hatten die Zwangsumsiedlungen in vielen Teilen Südafrikas einen Höhepunkt erreicht. Wie jede andere Familie kämpfte auch die Familie von Mr. Mkhize darum, am Ort ihrer Geburt bleiben zu können. Die Regierung bot den Leuten ein paar tausend Rand an, doch ließen sich die Menschen nicht täuschen, sie wußten genau, daß es nicht genug war. Außerdem war es nicht Geld, was sie wollten, sondern als Dorfgemeinschaft wollten sie auf dem Land ihrer Vorfahren in Ruhe gelassen werden. Die Regierung jedoch dachte nicht daran, sich umstimmen zu lassen, selbst dann nicht, als die Ältesten des Dorfes eine Delegation entsandten mit der Bitte, ihre Häuser vor der Zerstörung zu bewahren.

Sehr früh an einem heißen Dezembermorgen kamen die Bulldozer. Alles ging ganz schnell. Die Fahrer stellten sich taub und taten, als hörten sie nicht das Schreien der verängstigten Kinder, das Gackern der Hühner und das traurige tiefe Muhen der Rinder. Die meisten Leute rannten wie wahnsinnig hin und her und versuchten, ihre Habseligkeiten vor dem Zugriff der monströsen und rücksichtslosen Bulldozer zu retten. Die Familie Mkhize stand mit den anderen dabei. Sie mußten zuschauen, wie ihre schönen Häuser, ihre Gemüsegärten und die Gräber ihrer Vorfahren einfach dem Erdboden gleichgemacht wurden. Gegen Mittag gab es das Dorf nicht mehr, das so stolz im schönen Tal des Ngwenyaflusses gelegen hatte. Nichts war übriggeblieben als Schutt und eine riesige Staubwolke, die voller Trauer über dem Tal hing.

In dem Tal hatten viele Familien eine Heimat gehabt. Mit einem der alten Männer des Dorfes war Mr. Mkhize sehr befreundet gewesen. Mkhulu Ngwenya hatten sie ihn genannt – Old Man Ngwenya. Er wurde von allen im Dorf hoch geachtet; hatte jemand Probleme oder gab es Streit, so suchte man stets ihn auf. Er war nicht der älteste Mann im Dorf, auch war er nicht der Dorfvorsteher, aber irgendwie vertrauten die Leute ihm und seiner Weisheit.

An jenem schrecklichen Dezembermorgen, als die Bulldozer kamen, saß Old Man Ngwenya, den Kopf in beide Hände gestützt, auf einem Stein. Die Augen hielt er fest geschlossen – dies alles mitansehen zu müssen, war ihm unerträglich. Und so müde sah er aus, daß niemand ihn anzusprechen wagte. Alle schienen es zu achten, daß er mit seinen Gedanken und seinem Kummer allein sein mußte.

Die Lastwagen waren gekommen, die ihre Habseligkeiten an einen fremden Ort draußen in der Wildnis bringen sollten. Dieser Ort hatte bereits einen Namen: Othandweni, Ort der Liebe. Den Leuten hatte man nicht einmal dieses gelassen – dem Ort bei ihrer Ankunft einen Namen zu geben. Ein Familienname nach dem anderen wurde über einen Lautsprecher ausgerufen; sie mußten auf die Lastwagen klettern und wurden weggefahren. Auch Mr. Mkhizes Name wurde aufgerufen, er erhielt eine Nummer und die Anweisung, seine Habseligkeiten auf einen der wartenden Lastwagen zu laden. Seine beiden Söhne, seine kleine Tochter und seine Frau setzten sich zu ihren Möbeln auf den Lastwagen. Doch das Wichtigste war nun, Old Man Ngwenya auf Wiedersehen zu sagen.

Mkhize fand ihn, wie er mit dem trockenen Sand spielte, wie er ihn sanft von einer Hand in die andere rinnen ließ; tiefe Falten furchten seine Stirn, und eine Träne rann ihm übers Gesicht und verschwand in seinem grauen Bart. Er sah so hinfällig aus. Mkhize murmelte seine Abschiedsworte, schluckte schwer und fühlte, daß er den Tränen nahe war. Er war sicher, würde er jetzt zu weinen beginnen, so bräche ein ganzer Strom von Tränen aus ihm hervor –

größer und reißender als die Fluten des Ngwenya, den sie nun verlassen sollten.

Er legte dem alten Mann kurz die Hand auf die Schulter und eilte zu seiner wartenden Familie. Dann wurden sie weggefahren.

Old Man Ngwenya saß auf dem Stein, ließ den Sand von einer Hand in die andere rinnen und wiegte sich sanft hin und her. Nachdem die Bulldozer das letzte Haus zerstört und dem Erdboden gleichgemacht hatten und die letzte Familie weggefahren war, saß der alte Mann noch immer da. Als sein Familienname aufgerufen worden war, hatte er darum gebeten, daß man ihn zurückließe. Seine Enkelkinder waren ganz verstört gewesen und hatten ihm zum Abschied verwirrt zugewinkt. Er hatte gesagt, er würde dann später zum Haus seines ältesten Sohnes ins nächste Dorf gehen. Er sei einfach noch nicht bereit, den neuen Ort zu sehen. So ließen sie ihn sitzen – eine einsame Gestalt unter der brennenden Sonne des Sommers. Die große Staubwolke hatte sich gelegt, und trauernde Stille lag über dem ehemaligen Dorf. Wenn jemals ein Ort den Namen Othandweni verdient hätte, dann dieses von Schönheit erfüllte, liebenswerte Tal, das seit unzähligen Jahren von den Wassern des Flusses Ngwenya gespeist wurde.

Als die Sonne sich wandte, um ihre Wohnung am westlichen Himmel aufzusuchen, wurde der alte Mann von einer tiefen Sehnsucht nach seinem alten Zuhause verzehrt. Er erhob sich und wanderte ziellos über Schutt und Trümmer. Seine Augen waren blind von Tränen, und er weinte wie ein kleiner Junge. Einen nach dem anderen rief er die Namen seiner Vorfahren an. Er wollte sie wissen lassen, daß er noch immer da war, daß er sie nicht allein gelassen hatte. Doch er rief sie auch an, da sie ihm helfen sollten, die richtige Entscheidung zu fällen. Eine kleine Weile noch wollte er stark sein. Dann blieb er plötzlich wie angewurzelt stehen. Ihm war, als hätte er die Stimme seines verstorbenen Zwillingsbruders gehört. Er horchte angestrengt. Doch er vernahm nichts als das Rauschen des Wassers im nahen Fluß.

Old Man Ngwenya rief sich den Tag vor etwa zwanzig Jahren ins Gedächtnis zurück, an dem man seinen Zwillingsbruder begraben hatte. Er erinnerte sich genau: Zuerst hatte man den lebenden Zwilling in den Sarg gelegt, hatte ihn ins Grab hinabgelassen und wieder heraufgeholt, erst dann wurde der echte Leichnam in den Sarg gebettet und wie jeder andere beerdigt. Ihm war, als hätte sich dies alles erst am soeben vergangenen Vormittag ereignet. Wie sehr wünschte er sich, daß sein Zwillingsbruder plötzlich erscheinen, ihn an der Hand nehmen und sie beide zu ihrem gemeinsamen Grab führen würde. In dem, was die entsetzlichen Bulldozer hinterlassen hatten, konnte der alte Mann nicht einmal mehr das Grab seines Zwillingsbruders wiederfinden.

Je länger er auf der Suche nach dem Grab umherirrte, desto verwirrender wurde alles. Je mehr er sich wünschte, im Sarg zu liegen, um in dem kühlen Grab auszuruhen, desto heißer brannte die Sonne auf ihn herab. Je lauter er den Namen seines Bruders rief, desto mehr schwindelte ihm, und sein Mund war wie ausgedörrt. Er ging und ging immer weiter, obwohl seine Augen nicht mehr sahen, wohin er ging. Wie jemand, der in Trance gefallen ist, setzte er seine Schritte langsam und ungewiß, und sie trugen ihn direkt zum Fluß. Schließlich stand er an der Stelle, wo das Wasser tief war und wo sie als Kinder immer geschwommen hatten. Dann erschien plötzlich ein seltsames Bild vor seinen Augen. Er meinte seine verstorbene Mutter zu sehen. Sie saß auf einem großen flachen Felsen am Wasser. Das Seltsamste war, daß Ngwenya durch seine schwangere Mutter hindurchsehen konnte und die Zwillinge in ihrem Bauch erkannte. Sie waren winzig, doch ihre Augen waren geöffnet, und ihre kleinen Gesichter sahen glücklich aus. Einer glich seinem Bruder, der andere ihm selbst. Ngwenya war so froh, seinen Bruder wiedergefunden zu haben, daß er versuchte, ihm noch näher zu kommen, sich an ihn zu schmiegen. Und Old Man Ngwenya, jener, der am Ufer des Flusses stand, ging einfach weiter ins Wasser hinein. Er ging unter und ertrank dort, wo das Wasser am tiefsten war. Kein einziger Laut kam mehr von seinen Lippen.

Über einen Monat später kehrte Mkhize an den alten Ort im Tal des Flusses Ngwenya zurück. Er ging über die Trümmer, und am Ort seiner Geburt schien es ihm, als habe sich seine Seele verloren. Die Nachricht vom Tod des alten Mannes hatte ihn sehr traurig gemacht. Er vermißte Old Man Ngwenya über alles. Irgendwie fühlte er die Gegenwart des Alten – er täuschte sich nicht, sein Geist war da, umgab ihn von allen Seiten. Als er weiterging, stolperte er über irgend etwas und stürzte zu Boden. Er stand auf, klopfte den Staub aus den Kleidern und schaute sich um, worüber er wohl gestolpert war. Und da erblickte er unter dem Schutt das lebensgroße Krokodil, das der alte Ngwenya vor vielen Jahren aus einem Stück Holz geschnitzt hatte, denn *ngwenya* bedeutet in der Zulusprache Krokodil. Das geschnitzte Krokodil hatte immer auf der Veranda vor dem Haus des alten Mannes gestanden. Mkhize zog es aus dem Schutt, wollte den Staub abwischen, doch der war mit Erde und Schmutz verkrustet. Er blickte um sich und beschloß, hinunter zum Fluß zu gehen und es dort zu reinigen. Er wusch das Krokodil so sorgfältig wie nur eben möglich und legte es zum Trocknen in die Sonne. Während er dabeisaß und wartete, fühlte er sich dem alten Mann, der es geschnitzt hatte, ganz nahe.

Spät am Abend, als er wieder an jenem fremden Ort war, den sie Othandweni nannten, erzählte er seinen Kindern Geschichten von Old Man Ngwenya. Er erzählte ihnen von den vielen Streitigkeiten, die er beigelegt hatte, doch vor allem erzählte er ihnen von ihrer alten Heimat in jenem schönen Tal am Fluß Ngwenya. Othandweni war ein Ort der Dürre und Unfruchtbarkeit, weit draußen im Nichts. Der kleine Bach, der ihnen Wasser liefern sollte, war ausgetrocknet. Oft mußten sie lange auf einen Lastwagen warten, der ihnen Wasser brachte. Vor ihnen lag ein trauriges Leben an diesem fremden Ort. Ihr bißchen Vieh litt schwere Not.

Mkhize gab dem hölzernen Krokodil einen Platz vor seinem Haus. Es stellte seinen wertvollsten Besitz dar, und er spürte, daß der Geist des alten Mannes Ngwenya bei ihm war.

Jahre später lebte Mkhize noch immer in Othandweni. An jenem denkwürdigen 27. April 1994 erwachte er sehr früh am Morgen, bereit, zum Schulhaus zu gehen, wo er sich mit allen anderen, die darauf warteten, ihre Stimme abzugeben, in die Schlange einreihen wollte. Beim Hinausgehen streichelte er sanft das hölzerne Krokodil, nahm seinen Stock, setzte den Hut auf und machte sich mit seinem kleinen Enkelsohn auf den Weg.

Mit vielen anderen stand er in der heißen Sonne. Er kaute ein wenig Kaugummi und dachte an seine Frau, die vor etwas mehr als einem Jahr gestorben war. Wie sehr wünschte er sich, gerade jetzt ihr Lächeln zu sehen – wie ein junges Mädchen hatte sie immer gelächelt. Und an noch jemanden dachte Mkhize, als er in der Schlange stand. Er dachte an Old Man Ngwenya, und daß der Tag endlich gekommen war, an dem viele Millionen Südafrikaner im ganzen Land in langen Warteschlangen geduldig dem großen Augenblick entgegensahen. Er hielt aus in der glühenden Sonne, die ihn so sehr an den Tag der Bulldozer erinnerte – an jenen heißen Dezembermorgen 1967. Aber heute fühlte sich Mkhize unvergleichlich besser. Zum ersten Mal in seinem Leben würde er wählen. Er würde seine Stimme dafür abgeben, daß niemals mehr Bulldozer Macht über das Leben der Menschen hätten. Er betrat die Wahlkabine. Mit zitternder Hand hielt er den Stift und machte sein Zeichen.

Als er wieder hinausging, fühlte er sich so erhoben, daß er sogar vergaß, seinen Spazierstock zu benutzen! Seine Frau, Old Man Ngwenya und Millionen anderer – sie alle waren da, vereint im Geist und getragen von einer einzigen mächtigen Welle des Triumphs!

Wenn der Regen fällt

Wenn der Regen fällt,
Lächle ich vor mich hin
Und denke daran, wie ich als Kind
In meiner Ecke saß
Und mich fragte, wieso die Leute Kleider tragen.

Wenn der Regen fällt,
Denke ich daran,
Wie ich in den Regen rannte
Und rief: Nkce-nkce mlanjana,
Wann werde ich wachsen?
Werde ich morgen erwachsen sein?

Wenn der Regen fällt,
Denke ich daran,
Wie ich den Ziegen zuschaute,
Die vor dem Regen davonrannten,
Während er den Schafen gefiel.

Wenn der Regen fällt,
Denke ich daran,
Daß wir uns ausziehen mußten
Und das Bündel aus Schuluniform und Büchern
Auf dem Kopf balancierten
Und durch den Fluß wateten.

Wenn der Regen fällt,
Denke ich daran,
Wie es stundenlang goß

Und der Regen unser Faß füllte;
Wir brauchten dann kein Wasser zu holen
Vom Fluß, ein, zwei Tage lang.

Wenn der Regen fällt,
Regnet es häufig Stunden ohne Pause.
Ich denke an die Menschen,
Die nicht wissen, wohin,
Die kein Zuhause haben
Und nichts zu essen,
Die nur Regenwasser trinken.

Wenn der Regen fällt,
Regnet es häufig Tage ohne Pause.
Ich denke an die Mütter,
Die in den Squatter Camps gebären,
Unter Plastikplanen,
Den kalten, wütenden Winden ausgesetzt.

Wenn der Regen fällt,
Denke ich an ›illegale‹ Arbeitssuchende
In großen Städten,
Die vor Polizeiautos davonrennen
Und auf die Dunkelheit warten,
Um sich ein nasses Versteck zu suchen.

Wenn der Regen fällt,
Vermischt sich der Regen mit Hagel,
Und ich denke an die Lebenslänglichen
In den Gefängnissen der Welt,
Und ich frage mich, ob sie sich noch freuen,
Nach dem Regenbogen die Sonne zu sehen.

Wenn der Regen fällt,
Vermischt mit Eisbrocken, die in das Gras beißen,

Muß ich an Zähne denken,
Viele Zähne lächelnder Freunde,
Und ich wünsche mir, daß auch alle anderen
Einen Grund zum Lächeln haben.

Nokulungas Hochzeit

Für ein junges heranwachsendes Mädchen war Mount Frere ein schrecklicher Ort – einer der schrecklichsten überhaupt. Dort wurden die jungen Mädchen nämlich gezwungen, den zu heiraten, der genug Geld oder Vieh für *lobola* – den Brautpreis – beibrachte, und das war's dann. Nokulunga war nur eine von den vielen, deren Eltern sich vollkommen damit einverstanden zeigten, daß ihre Töchter zu Opfern dieser Praktik wurden. So wurde sie die Ehefrau von Xolani Mayeza.

Nokulunga war sechzehn Jahre alt und zu einem hinreißend schönen Mädchen herangewachsen – ihre Beine waren lang und fest, ihre Brüste standen spitz und stolz, und ihre jüngere Schwester beneidete sie sehr darum. Aus ihrem dunklen runden Gesicht strahlten eine Reihe gleichmäßiger weißer Zähne und große Augen, die lustig in die Welt blickten. Viele Mütter hatten Nokulunga ins Auge gefaßt und hofften, ihr Sohn würde schnell handeln, ehe jemand von weither käme und sie ihm wegschnappte.

Eines Tages kam eine Gruppe junger Männer an den Fluß, wo Nokulunga und ihre Freundinnen Wasser zu holen pflegten. Die Männer waren Fremde. Als die Mädchen an den Fluß kamen, sprang einer der Männer hoch in die Luft und schrie mit schriller Stimme:

Hayi, hayi, hayi!
Bri-bri mntanam uyagula!

Würdevoll näherte er sich den Mädchen und bat um Wasser. Nachdem er getrunken hatte, dankte er ihnen und kehrte zu seinen Freunden zurück. Seine linke Schulter hing herab, als schmerze sie, und in der rechten Hand trug er zwei lange Stöcke, die beim Gehen rhythmisch aneinanderschlugen. Die Männer trugen alle eine Art Hosen, die *imivulwa* heißen und dem Träger eng auf der Hüfte sitzen, doch nach unten immer weiter werden, bis sie am Boden so weit sind, daß Nokulunga dachte, aus jedem Hosenbein könne sie leicht einen Rock nähen.

Es war nichts Ungewöhnliches, daß ein paar Fremde vorüberkamen und um Wasser baten, doch die seltsame Bekleidung und die merkwürdige Art zu gehen hinterließen bei Nokulunga und ihren Freundinnen ein ungutes Gefühl. Einige der Mädchen waren von den Fremden sehr beeindruckt, Nokulunga aber nicht. Sie kamen ihr verdächtig vor, doch dann sagte sie sich, daß es unsinnig sei, sich über Menschen, die sie nicht kannte, Gedanken zu machen. Wahrscheinlich würde sie diese Männer niemals wiedersehen. Die Mädchen hoben ihre Wassertöpfe auf den Kopf und machten sich auf den Heimweg.

Im Februar tauchten die Männer wieder am Fluß auf, diesmal in doppelter Anzahl. Es war sehr heiß, trotzdem trugen sie alle schwere Mäntel. Nokulunga erblickte sie erst, als sie und ihre Freundinnen schon ganz nahe am Fluß waren. Die Mädchen stritten sich, und deshalb erkannten sie die Männer nicht sofort als diejenigen, die ihnen zwei Monate zuvor schon einmal begegnet waren. Erst als jener Mann, der damals um Wasser gebeten hatte, sich ihnen wieder näherte, wurde ihnen klar, um wen es sich bei den Fremden handelte. Nokulunga war die Sache nicht geheuer.

Diesmal trank er sein Wasser ganz langsam, wobei er Nokulunga unablässig anschaute. Dann fragte er, ob er sie über Nacht mit zu sich nach Hause nehmen dürfe. Darüber ärgerte sie sich sehr. Sie gab ihm keine Antwort, füllte statt dessen ihren Wassertopf, hob ihn auf den Kopf und sagte zu den anderen, sie müsse schnell nach Hause. Eine ihrer Freundinnen tat es ihr gleich und war gerade fertig, um

Nokulunga zu begleiten, als die anderen Männer herbeikamen und ihnen den Weg verstellten.

Dann geschah alles sehr schnell. Sie nahmen Nokulunga den Wassertopf weg und zerbrachen ihn an einem Felsen. Viele Hände packten sie, und noch ehe sie schreien konnte, wurde sie in die großen Mäntel eingewickelt und wie ein Bündel über jemandes Schulter geworfen. Hilflos mußten die anderen Mädchen zusehen, wie sich die Männer mit ihrer Beute davonmachten. Vom Dorf aus beobachteten viele Leute, wie die Gruppe schnell den Hügel erklomm und dabei ein traditionelles Hochzeitslied sang.

Nokulunga wand und drehte sich, schnappte nach Luft. Sie hatte schon früher erlebt, daß Mädchen entführt worden waren. Sie wußte auch, daß niemand jemals versuchen würde, diesem Geschehen Einhalt zu gebieten, denn den Eltern des Mädchens war ja ein großes Glück widerfahren – sie würden *lobola* erhalten, und außerdem war ihre Tochter entführt worden, ehe ein anderer ihr hatte zu nahe kommen können. Nokulunga dachte an die vielen Menschen in ihrem Umkreis, die sie doch allem Anschein nach geliebt hatten – nein, das war nicht Liebe, wenn sie es, ohne Einspruch zu erheben, zuließen, daß Fremde sie, Nokulunga, einfach mitnahmen. Sie fühlte sich verlassen und verraten. Sie dachte an alles, was sie von solchen Verheiratungen gehört hatte, und sie wußte auch, daß ihre Mutter nichts dagegen einwenden würde, solange der Mann genügend Vieh brachte.

Die Reise war lang, und ihr war sehr heiß in den dicken Mänteln. Ihr Körper war naß vom Schweiß und schwer wie Blei, doch der Rhythmus, in dem ihre Träger gingen, blieb immer derselbe und schien kein Ende zu nehmen... Sie dachte an ihren Liebsten, an Vuyo, der zurück nach Germiston wollte, in die Stadt, um dort zu arbeiten. Er hatte ihr versprochen, daß er sieben Monate dortbleiben und Geld verdienen wolle, dann würde er kommen und sie heiraten. Sie war so glücklich gewesen.

Ihre Träger gingen nun einen sehr steilen und unebenen Pfad hinunter. Bald hörte sie Menschen reden und Hunde bellen. Sie wurde auf den Boden gelegt und das Bündel aufgewickelt. Eine Menge Leute schaute neugierig zu und wollte wissen, wie die Neue aussah. Man half ihr auf. Nur schwerfällig und steif kam sie auf ihre Beine zu stehen und stand nun, zur Begutachtung freigegeben, benommen da.

Sie mußte so dringend zur Toilette! Eine ganze Weile sagte niemand ein Wort. Sie standen nur alle um sie herum und begafften sie, als sei sie ein fremdes Wesen von einem anderen Planeten. Nach und nach kamen auch die Kinder des Hauses herein, so daß das kleine Haus fast ganz voller Menschen war. Dann äußerte sie, daß sie zur Toilette müsse, worauf zwei junge Frauen sie hinausbegleiteten. Alle waren äußerst mißtrauisch und wachsam, weil sie dachten, sie wolle fliehen. Aber sie war nun so erleichtert, und der kühle Abendwind hatte sie ein wenig erfrischt.

Dann wurde sie in das Haus ihres zukünftigen Ehemanns gebracht, auch Xolani selbst kam, und bald ließ man die beiden allein für die Nacht. Sie setzte sich ruhig in eine Ecke und gab deutlich zu verstehen, daß sie keinerlei Absicht habe, sich zum Schlafen niederzulegen. Xolani versuchte, ein wenig mit ihr zu reden, doch sie schwieg. So zog er sich aus und schlüpfte in das große Bett, das auf dem Fußboden gerichtet war. Er hustete ein paarmal, dann forderte er sie verlegen auf, zu ihm zu kommen. Nokulunga blieb schweigend sitzen. Er sagte nichts mehr, bis er sie schließlich fragte, ob sie diese Nacht überhaupt nicht schlafen wolle. Keine Antwort. Lange saß sie da und wandte ihre großen Augen nicht von ihm ab. Sie mußte wachsam sein.

Aber Nokulunga war müde. Sie dachte, Xolani schliefe, als er sich plötzlich auf sie warf und sie am Arm ergriff. Etwas Seltsames funkelte in seinen Augen, sie wußte nicht, was es war – Wut oder Haß oder noch etwas anderes? Sie wehrte sich, um ihren Arm freizubekommen. Plötzlich ließ er sie los, und sie fiel hin. Schnell stand sie wieder auf, dabei ließ sie ihn nicht aus den Augen. Er lächelte und kam näher. Sie wich zurück. Es war wie ein Spiel: Er folgte ihr langsam, sie wich zurück, immer im Kreis herum durch den kleinen Raum und jede Runde schneller. Xolani beschloß, daß er nun von diesem Spiel genug habe, und packte sie wieder. Sie wollte schreien, aber er hielt ihr den Mund zu. Sie begriff, daß Schreien töricht wäre, es riefe nur Hilfe für ihn herbei. Wenn sie allein blieben, hatte sie noch immer eine Chance.

Gegen ihren heftigen Widerstand versuchte er, sie auszuziehen, da griff sie ihn an. Sie grub ihre Zähne tief in seinen Arm und riß ein Stück Fleisch heraus, das sie weit von sich spuckte. Sein Arm erlahmte, er stöhnte und setzte sich hin, knirschte mit den Zähnen und hielt sich den Arm. Auch Nokalunga hatte sich gesetzt, atmete schwer und konnte kaum glauben, was sie soeben getan hatte. Ihre Augen weiteten sich, denn sie wußte, daß er jetzt sehr grob mit ihr werden würde. Xolani sprang auf, fluchte und versetzte ihr mit aller Kraft einen Fußtritt. Sie schrie leise auf vor Schmerz, stand aber nicht auf, um sich zu verteidigen.

Von Xolanis Arm tropfte das Blut, und er forderte sie mit leiser Stimme auf, ein Stück des Bettuches abzureißen und seinen Arm damit zu verbinden. Sie tat es schweigend und wischte auch das Blut vom Fußboden auf. Ohne ein weiteres Wort legte sich Xolani nieder. Nokulunga sammelte ihre Kleider auf, wagte aber nicht einzuschlafen. Ob Xolani schlief, weiß nur er allein. Der Schmerz in seinem Arm erleichterte ihm den Schlaf bestimmt nicht.

Es wurde Tag. Xolani verließ den Raum, und Nokulunga erhielt etwas zu essen und wurde eingeschlossen. Sie hatte gerade ein paar Bissen hinuntergeschluckt, als sie draußen viele Männer reden hörte. Sie betraten das Haus nebenan, um kurz darauf, laut und aufgeregt redend, wieder herauszukommen. Dann gingen sie fort. Nokulunga gab es auf, noch weiter zu horchen. Sie aß statt dessen das weiche Maispüree, das man ihr gebracht hatte.

Die Männer hatten sich neben der großen Umzäunung für das Vieh niedergelassen. Xolani war da, sein Vater Malunga und sein ältester Bruder Diniso, einige Onkel und sonstige Verwandte. Langsam tranken sie ihr Bier. Alle waren äußerst verärgert über Xolanis Verhalten. Malunga war so wütend, daß er nicht mehr klar denken konnte. Voller Verachtung schaute er seinen Sohn an und ballte die Fäuste. Keiner sprach ein Wort. Verstohlene Blicke streiften Malunga, um sich dann sofort wieder zu Boden zu senken. Xolani konnte nicht stillsitzen, er hielt vorsichtig seinen verletzten Arm, der noch immer schmerzte, obwohl ihn sein Onkel behandelt hatte. Sein Vater zog an seiner Pfeife, klopfte sie an einem Stück Holz aus und spuckte in hohem Bogen weit in das Viehgehege hinein. Aller Augen waren auf ihn gerichtet.

»Xolani!« rief Malunga wütend, aber leise.

»*Bawo*«, antwortete Xolani, ohne aufzuschauen.

»Was erzählst du uns da? Willst du sagen, daß du die ganze Nacht bei diesem Mädchen warst und es nicht fertiggebracht hast, mit ihr zu schlafen?«

»Vater, ich... ich...«

»Ja, du hast versagt, du hast dich diesem Mädchen gegenüber nicht als Mann erwiesen. So einer ist also aus dir geworden – einer, der unfähig ist, mit einer Frau so zu schlafen, wie es ein Mann tun muß!«

Alles schwieg. Niemand wagte Malunga anzuschauen. Er stopfte umständlich seine Pfeife, als sei er allein. Nachdem er sie angezündet hatte, schaute er um sich.

»Diniso, hast du auch gehört, was uns dein Bruder da erzählt? Erzähl uns noch ein bißchen mehr, Xolani, mein kleiner Junge, was hat sie dir noch angetan? Hat sie Daddys armes kleines Söhnchen in den Bauch getreten?« Er lachte höhnisch.

Ein alter Mann unterbrach ihn. »Sich über den törichten Dummkopf lustig zu machen und ihn auszulachen bringt uns nicht weiter. Die Mjakuja-Leute sind auf der Suche nach ihrer Tochter. Es muß jetzt schnell etwas geschehen.« Er war ganz außer Atem geraten, als er zu Ende gesprochen hatte. Der alte Mann war der Bruder von Malungas Vater. Es war unbedingt nötig, eine Nachricht an Nokulungas Familie zu schicken, um ihr ihren Aufenthaltsort mitzuteilen. Dreizehn Stück Vieh und ein gut gepflegtes Pferd standen bereit und sollten zusammen mit einer als *imvulamlomo* – Zungenlöser – bezeichneten Ziege zur Familie des entführten Mädchens gebracht werden.

Die Sonne ging gerade unter, und Nokulunga stand schon seit geraumer Zeit hinter dem Haus und starrte in das Licht der orangeroten Kugel, die im unbekannten Land hinter dem Berg versank. Als das lila- und orangefarbene Licht langsam am westlichen Himmel verblaßte, hing ihr Auge noch immer an derselben Stelle, doch ihr innerer Blick hatte sich ihrer Zukunft zugewandt, die jeden Augenblick undurchsichtiger zu werden schien, so wie die Nacht, die ringsumher anbrach. Sie war nicht geflohen. Sie fühlte sich schwach und elend. Eine Gruppe Halbwüchsiger saß den ganzen Tag auf der nahegelegenen Anhöhe und bewachte sie. Sie sollte bloß nicht den Versuch wagen wegzulaufen. Nokulunga hatte begriffen, daß sie für immer an diesen Ort gekommen war.

Sie wußte nicht, wie lange sie hinter dem Haus gestanden hatte. Erst als sie ein kleines Mädchen neben sich lachen hörte, kam sie wieder zu sich. Das Mädchen erzählte ihr, daß viele Leute losgezogen seien, um sie zu suchen, denn alle seien der Meinung, daß ihr die Flucht gelungen sei, während sich die Jungen die Zeit mit Spielen vertrieben hatten. Sie ging ins Haus zurück. Ihre Schwiegermutter und auch die anderen Frauen lachten, als das kleine Mädchen erzählte, wie sie Nokulunga hinter dem Haus gefunden hatte. Ein paar Jungen wurden losgeschickt, um den Verfolgern mitzuteilen, daß sich Nokulunga sicher zu Hause befände. Sie haßte das lange Kleid und das Kopftuch, das man ihr gegeben hatte – beides war ihr viel zu groß, und der Stoff war hart und gestärkt. Beim Gehen entstand ein irritierendes Geräusch, wie wenn ein Pferd Gras frißt. Die Leute, die sie gesucht hatten, kehrten zurück, lachten und neckten sich gegenseitig wegen ihrer Dummheit, so weit zu gehen, ohne erst hinter dem Haus nach dem Mädchen zu suchen.

Nokulunga zitterte, als es dunkler wurde. Sie wußte, daß sie in dieser Nacht nicht so leicht davonkommen würde wie in der vergangenen. Ihr war auch klar, daß die Familie weiteres unternehmen würde, um sie gefügig zu machen, obwohl sie sich nicht genau vorstellen konnte, was das sein könnte. Sie befand sich in Xolanis Zimmer und wartete auf ihn. Der Raum schien ihr plötzlich so klein, sie spürte, wie die Enge auf sie eindrang und sie in einem schmerzhaften Tod zu ersticken drohte. Sie verschränkte die Arme auf der Brust und packte ihre Schultern, daß es schmerzte. Dann öffnete sich die Tür. Xolani und mehrere Männer – wohl seine Altersgenossen – betraten nacheinander schweigend den Raum. Sie schlossen die Tür hinter sich. Nokulunga hatte den Eindruck, daß einige sehr verlegen waren. Sie beobachtete, wie Xolani sich auszog – offensichtlich widerwillig. Sein Arm sah im Licht der heruntergeschraubten Petroleumlampe nicht gut aus. Sie begann zu weinen. Die Männer hielten sie fest und zogen sie aus. Ihr Gesicht war naß von Schweiß und Tränen, und vor allem fühlte sie das dringende Bedürfnis, zur Toilette zu gehen. Die Männer lachten sie aus, als sie darum bat, hinausgehen zu dürfen. Einer von ihnen machte sich ganz besonders über sie lustig und befahl ihr, sich auf das Bett zu legen. Als sie den Ausdruck auf Xolanis Gesicht sah, weinte sie hemmungslos. Er stand mit weit aufgerissenen Augen da, als befände er sich im Land der Träume, und sah aus wie ein verirrter und hilfloser kleiner Junge. War das der Mann, den sie als Ehemann respektieren sollte? Wie würde er sie jemals vor irgend etwas oder vor irgend jemand in Schutz nehmen?

Viele Hände zerrten an ihr, zogen sie nieder, und vor lauter Tränen sah sie den Mann nicht, der sie anschrie, sie solle sich wie eine Frau hinlegen. Sie wischte sich die Augen und sah, wie Xolani näherkam. Sie sprang auf, stieß ihn weg und wollte ihre Kleider zusammenraffen, doch im nächsten Augenblick schon hatte sich der Männermob auf sie gestürzt. Grob wurde sie angefaßt und aufs Bett zurückgezerrt, dann packten sie Xolani und warfen ihn auf sie. Zwei Männer faßten mit hartem Griff ihre Beine und rissen sie auseinander. Andere hielten ihr die Arme fest. Xolanis Freunde lachten und klatschten in die Hände, während er selbst hoch in die Luft sprang, um sich dann, Gefallen an der Vergewaltigung findend, auf Nokulunga zu stürzen. Ein Mann rief, er habe genug davon, ihr Bein festzuhalten und wolle nun als Belohnung auch seinen Anteil. Sie hörte noch, wie die Männer unter brüllendem Gelächter etwas über das Blut auf ihren Schenkeln sagten, dann wurde sie ohnmächtig.

Die Braut gehört uns,
Die Braut gehört uns.
Mutter wird nie mehr
Hungrig zu Bett gehen,
Hungrig zu Bett gehen

Die Braut gehört uns,
Die Braut gehört uns.
Vater wird es nie mehr
An Bier mangeln,
An Bier mangeln...

Draußen neben der Weide sangen die jungen Männer. Die Mädchen kicherten, als sie das Singen hörten, und tanzten die alten Tänze der Xhosa. Bald würden sie auf Xolanis Hochzeit tanzen. Sie probierten neue Frisuren aus, auf daß eine jede von ihnen so schön aussähe wie nur irgend möglich. Auch die jungen Männer machten sich Gedanken über ihr Aussehen. Einige hofften auf neue Beziehungen zu den Mädchen von Gudlintaba. Der Ort war bekannt für hübsche Mädchen mit angenehmen Stimmen. Anderen war bewußt, daß im Laufe und als Folge dieser Hochzeit auch Beziehungen abgebrochen werden würden. Alle waren sich darüber im klaren, daß es in ihren eigenen Händen lag, welche Entscheidungen am Tag der Hochzeitsfeierlichkeiten fallen würden, ob er nun mit Lachen oder mit einem Streit seinen Abschluß fände.

Auch die Frauen in Nokulungas alter Heimat hatten sehr viel zu tun. Sie brauten Bier und wechselten sich ab, leichtfüßig und in fröhlicher Erwartung zum Wasserholen hinunter an den Fluß zu eilen. Immer wieder lief eine Frau von Haus zu Haus und rief voller Begeisterung, begleitet von einem freudigen und hellen Triller:

Lililili...lili...lili...lilili!
Ein Kind gebären heißt,
Du wirst später Hilfe haben
Bei deiner Arbeit
Und kannst dich ausruhen.
Was hast du dazu zu sagen,
Frau, die du noch nie geboren hast?

Nokulunga verbrachte den größten Teil des Tages im Haus mit einer ihrer Freundinnen und der Schwester ihrer Mutter, die sich um ihr Aussehen kümmerten. Sie hatten eine Mischung aus Eiern und verschiedenen Baumrinden zusammengerührt, und den ganzen Tag über wurde diese dicke Flüssigkeit, die für ihr Aussehen am Hochzeitstag gut sein sollte, auf ihr Gesicht aufgetragen, so daß schließlich eine dicke Kruste entstand. Immer wieder setzte sich die Tante neben sie und sprach mit ihr darüber, wie sie sich nun, da sie eine Frau war, zu benehmen habe. Wie haßte Nokulunga dieses Thema, und wie sehr wünschte sie sich, diese Tage würden an ihr vorübergehen, ohne in ihr Bewußtsein zu dringen.

Ingwe iyawavula amathambo 'mqolo -
Der Leopard beißt ins Rückgrat...

Nokulunga, die hörte, wie die Mädchen draußen fröhlich vor sich hinsangen, haßte dieses blutrünstige Lied. Den Mädchen war ja nichts anderes wichtig als das Essen am Hochzeitstag, von dem Nokulunga sich wünschte, daß er nie kommen würde. Mit der Maske auf dem Gesicht setzte sie sich immer wieder vor das winzige Fenster und schaute hinaus. Sie haßte Xolani und seinen Namen. Sie empfand, daß man ihm diesen Namen gegeben hatte, weil er immer wieder Dinge tat, die andere Leute belästigten und verletzten. Danach entschuldigte er sich unablässig und versuchte, alles zu erklären. Xolani bedeutet: »Bitte verzeih mir«.

Der Tag war da. Nokulunga ging langsam neben Xolani. Rings um sie sangen, lachten, trillerten die Leute und klatschten in die Hände. Sie lächelte nicht, und wenn sie es versuchte, dann liefen ihr die Tränen so über die Wangen, daß sie sich schämte. Für Xolani stellte dieser Tag den Höhepunkt seines Lebens dar: eine so wunderschöne Frau und eine so große Hochzeit! Er lächelte und drückte Nokulungas Hand, als sie plötzlich Vuyo sah. Er mußte wohl alles liegen- und stehengelassen haben und nach Hause geeilt sein, als er gehört hatte, daß ihm seine Liebste gestohlen worden war. Vuyo schaute Xolani haßerfüllt an – mit hart aufeinandergepreßten Lippen und geballten Fäusten. Nokulunga zog ihre Hand aus der Xolanis und ging ein paar Schritte auf Vuyo zu. Doch dann, als Vuyo nicht vortrat, sie nicht an der Hand nahm und mit ihr wegrannte, weinte sie. Sie wollte fort, wegrennen, weit weg – sollten doch diese verrückt-fröhlichen Leute sich an all dem Fleisch und Bier und... und... vergnügen! Xolani wandte sich ihr zu, bemüht, sie zu trösten. Eine Menge Leute hatten das beobachtet. Viele waren voller Mitgefühl für das Mädchen, andere fragten sich...

Monate waren vergangen. Nokulunga saß am Feuer; ein Lächeln lag auf ihrem Gesicht, als sie den in ihren Armen so friedlich schlafenden kleinen Jungen betrachtete, den sie vor fünf Tagen geboren hatte. Ihr Schwiegervater hatte ihm den Namen Vuyo gegeben. Wie dankbar war sie ihm dafür gewesen, denn sie würde den alten Vuyo, den sie geliebt hatte, nie vergessen. Sie hatte nun akzeptiert, daß Xolani ihr Lebenspartner blieb und daß daran nichts mehr zu ändern war. Einmal hatten sie und Vuyo sich in der Stadt getroffen, und sie hatten sich geküßt. Es war ihnen beiden klar, daß sie endgültig Xolanis Ehefrau war, denn sie war bereits schwanger, und Vuyo wußte, daß er sehr viele Rinder würde zahlen müssen, wenn er Nokulunga mit dem ungeborenen Kind zu sich nähme. So war es nun, und nichts war mehr daran zu ändern.

Die Tänzerin

Mama,
Sie sagen, du seist Tänzerin gewesen,
Sie sagen, du hättest lange, schöne Beine gehabt,
Die deinen schlanken Körper trugen,
Sie sagen, du seist Tänzerin gewesen.

Mama,
Sie sagen, dein Gesang sei wunderschön gewesen,
Sie sagen, du hättest die Augen geschlossen
Und das Gesicht zum Himmel gewandt,
Wenn dich der Geist des Liedes erfaßt hatte,
Sie sagen, du seist eine bezaubernde Tänzerin gewesen.

Mama,
Sie sagen, du seist immer so anmutig gewesen und sanft,
Wenn sie von dir erzählen,
Sprechen sie von einer Weide,
Die sich im Frühling liebevoll
Über das klarfließende Wasser neigt,
Sie sagen, du seist eine begeisternde Tänzerin gewesen.

Mama,
Sie sagen, du seist Hochzeitstänzerin gewesen,
Sie sagen, du hättest gelächelt,
Du hättest die Augen geschlossen,
Die Arme nur ein wenig ausgestreckt,
Während deine Füße im Sand kleine Schritte tanzten,
Tshi tshi tshitshitshitha, tshi tshi thsithsitshitha,
O hee! Wie wünschte ich mir,

Ich wäre dabeigewesen,
Sie sagen, es sei eine Augenweide gewesen,
Dich anzuschauen.

Mama,
Sie sagen mir,
Auch ich sei eine Tänzerin,
Aber ich weiß nicht...
Ich weiß nicht genau, wie es ist,
Tänzerin auf Hochzeiten zu sein.
Es gibt keine Hochzeiten mehr,
Nur noch viele, viele Beerdigungen,
Dort singen wir und tanzen,
Wir rennen neben dem Sarg her,
In dem jemand liegt,
Der eine Braut oder ein Bräutigam hätte sein können.
Ein seltsames Lächeln
Ist an die Stelle unserer Tränen getreten,
Unsere Augen sind voll Rache, Mama.

Mama, liebe Mama,
Sie sagen,
Ich sei eine Beerdigungstänzerin.

1983 – 1988

Nomaninas Tochter

Sie war vier Jahre alt, als sie zu uns kam. Ein kräftiges kleines Mädchen mit großen runden Augen und dichtem, gekräuseltem Haar – pechschwarz und seidenweich. Das Schönste an Khanyis Eintritt in unser Leben war für mich ihr Lachen. Ihr hell klingendes, ansteckendes, freies Lachen drang bis in die letzten Ecken unseres ruhigen kleinen Hauses. Mein Mann und ich hatten uns immer ein Kind gewünscht. Wie oft sprachen wir darüber, welche Freude es wäre, unser neugeborenes Baby weinen zu hören. Wie sehnten wir uns danach, so einem winzig kleinen Menschenkind unsere Liebe zu schenken. Doch acht Jahre waren vergangen und noch immer kein Kind… Bis Khanyi uns Lachen und Freude im Überfluß brachte.

Khanyi war das einzige Kind meiner Zwillingsschwester Nomanina. Sie war nicht verheiratet und bekam ihre Tochter, als wir sechsundzwanzig waren. Sie nannte das Kind Khanyisile, weil sie sagte, das Baby habe Licht in ihr Leben gebracht. Ich konnte ihr nur zustimmen. Von dem Augenblick an, als Khanyi ihre großen Augen öffnete, schien ein Licht von ihnen auszugehen. Schon als es kaum einen Monat alt war, öffnete dieses Kind seine großen Augen und schaute um sich, als ob es etwas verloren hätte oder als wolle es seine ganze Umgebung sehen und alles in sich aufnehmen!

Oh, ich könnte noch stundenlang von Nomaninas Tochter erzählen. Nomanina war ja meine Zwillingsschwester, und wir waren uns sehr nahe. Die Leute sagten, ich sähe aus wie mein Vater und sie wie unsere Mutter. Ja, das stimmt. Sie hatte große Ähnlichkeit mit unserer Mutter, außer, daß wir beide schlank und groß waren, genau wie unser Vater. So konnte sich kein Elternteil darüber beklagen, daß wir ihm nicht gleichen würden. Und wer sagt denn überhaupt, daß Kinder genaue Abbilder ihrer Eltern sein müssen?

Nun, zurück zu Khanyi! Von ihr möchte ich Euch erzählen. Der Tod meiner Schwester, die an Magenkrebs starb, war ein Schock für die ganze Familie. Die Vorbereitungen für die Beerdigung, mit allem, was dazugehörte, wurden getroffen, doch wir konnten an nichts anderes denken als an ihre Tochter. Jeder von uns weinte für sich um den Verlust, den wir erlitten hatten, doch zusammen weinten wir, wenn wir an ihre süße kleine Tochter dachten. Wieder schienen diese großen Augen alles Geschehen in ihrer Umgebung aufzunehmen. Sie weinte nicht viel, obwohl sie sich gefragt haben muß, warum ihre Mutter nicht zu ihr zurückkehrte, von wo immer sie hingegangen war.

Mama sagte, sie nähme Khanyi vorerst in ihre Obhut; vielleicht würde sich auch die Familie ihres Vaters um sie kümmern, nun, da ihre Mutter tot war. Aber nein, jene Leute hatten von Anfang an keinerlei Interesse an dem Kind gezeigt. Sieben Monate nach der Beerdigung meiner Schwester ging ich zu Mama und bat sie um ihre Einwilligung, daß mein Mann und ich Khanyi zu uns nähmen. Sie kannte uns, und wann immer sie bei uns zu Besuch weilte, schien es ihr bei uns zu gefallen. Als Mama ihre Zustimmung gab, war unsere Freude groß. Liebevoll richteten wir ein Zimmer für Khanyi her, und mein Mann schnitzte sogar ihren Namen aus Holzbuchstaben, die wir an die Zimmertür klebten. Als sie kam und die Buchstaben sah, lachte sie laut und fröhlich, so daß wir beide auch lachen mußten. »KHANYI, so heiße ich, so heiße ich«, wiederholte sie immer und immer wieder.

Nun, so kam es, daß Khanyi, Nomaninas Tochter, mein kleiner lachender Engel wurde. Ich liebte sie mit all der Liebe, die ich für meine Schwester gehabt hatte, und ich liebte sie mit all der Liebe, die ich an einem sicheren Ort für ein eigenes Kind aufbewahrt hatte.

Sie brachte uns zum Lachen. Wir spielten und lagen auf dem Fußboden wie kleine Kinder. Wir alberten herum und genossen jeden Augenblick. Unser Leben drehte sich um das warme Licht, das Khanyi ausstrahlte. Zu beobachten, wie sie größer wurde, erschien uns wie ein Wunder. Und das Seltsamste war ihre Stimme: Je älter Khanyi wurde, desto mehr glich ihre Stimme der ihrer Mutter, als diese noch jung gewesen war. Vielleicht bilde ich mir das ein, aber ich schwöre, daß mich ihre Stimme selbst heute noch an Nomanina, ihre Mutter, erinnert.

Bücher wurden Khanyis große Liebe. Ihr Wissensdurst war unersättlich, und sie las jedes Buch, das ihr unter die Finger geriet, ebenso alte Zeitungen, Illustrierte und noch vieles mehr. Wenn ich es mir leisten konnte, kaufte ich ihr Bücher und mein Mann ebenso. Sizwe bat Khanyi, ihm den Inhalt eines jeden Buches, das sie las, zu erzählen. Er sagte, er selbst sei zum Lesen zu faul, doch was sich zwischen diesen interessant aussehenden Buchdeckeln abspiele, würde er schon gern erfahren.

He! He! Ihr fragt Euch bestimmt, wer wohl dieser Sizwe ist. Nun, das ist mein Mann. Ich kann kaum glauben, daß ich Euch schon soviel erzählt habe, ohne Euch meinen Namen oder den Namen meines Mannes zu nennen! Tut mir wirklich leid! Also, Sizwe ist mein Mann, und ich heiße Jabulile. Alle nennen mich Jabu. Khanyi ruft mich Tante Jabu.

Sizwe, mein Mann, hatte Khanyi gebeten, ihm den Inhalt der Bücher, die sie las, zu erzählen, und er hätte niemanden finden können, der davon mehr begeistert gewesen wäre als sie. Sie war ganz darauf versessen. Die Geschichten wurden so interessant und lustig, daß wir, wenn Khanyi loslegte, darüber das Radio vergaßen und den Plattenspieler auch. Wie gebannt lauschten wir ihrem Erzählen, und ihre Stimme faszinierte uns.

Sie war in der achten Klasse, als sie eines Tages nach Hause kam und sagte, sie hätte eine Überraschung für uns. Als sie hereinkam, war Sizwe gerade dabei, die Küchentür zu reparieren, und bat sie, einen Augenblick zu warten, bis er fertig sei. Sie saß auf der Veranda und machte einen ziemlich aufgeregten Eindruck. Ich hatte kleine süße Kuchen im Haus; so bereitete ich etwas zu trinken, stellte die Kuchen dazu und trug alles auf einem großen Tablett hinaus. Khanyi trank ihre Orangenlimonade, aber sie rührte die Kuchen nicht an. Sie bat, wir möchten uns doch bitte eine neue Geschichte anhören, die sie uns mitgebracht hätte. Die Geschichte stand in einem Schulheft und war in Zulu geschrieben. Wir hörten aufmerksam zu. Als sie mit dem Vorlesen fertig war, erhob sie sich und schaute uns an, als wären wir Mitglieder einer Jury. Sie wollte wissen, ob die Geschichte uns gefallen hatte. Das hatte sie natürlich, doch es interessierte mich, woher sie stammte und weshalb Khanyi so aufgeregt war. »Weil ich sie selbst geschrieben habe, und ich habe noch nie eine Geschichte geschrieben…,« sagte sie und kämpfte mit den Tränen. »Bitte Tante Jabu und Onkel Sizwe, bitte sagt mir, wenn sie euch nicht gefällt… dann muß ich eben... eben… aufhören!« Dann begann sie zu weinen. Wir sprangen beide auf und nahmen sie fest in unsere Arme. Wie konnte sie nur daran denken aufzuhören, wo sie doch eben erst mit etwas so Schönem angefangen hatte! Wir versicherten ihr, daß uns ihre Geschichte sehr gut gefallen habe, und blieben noch lange beisammen sitzen. Während unsere Schaukelstühle sich leise vor- und zurückbewegten, fragte Khanyi immer wieder von neuem, ob es Stellen in der Geschichte gäbe, die uns nicht gefielen, und wir halfen ihr, hier und da einiges klarer auszudrücken. Als es Zeit war, zu Bett zu gehen, hatte sie sich ein wenig beruhigt. Noch lange brannte in ihrem Zimmer Licht, und ich wäre zu gern zu ihr hineingegangen, um zu sehen, was sie machte, doch ich tat es nicht.

Am nächsten Morgen begrüßte uns das glücklichste Mädchen der Welt. Ihr ansteckendes Lachen war wieder da, von unserem erleichterten Lachen willkommen geheißen. Die großen runden Augen strahlten ihr Licht aus, genau so, wie sie es schon getan hatten, als sie noch ein kleines Baby gewesen war. Ich erinnere mich, daß es ein Samstag war. Sie machte uns Frühstück, und wir saßen noch lange, nachdem wir gegessen hatten, um den Tisch und unterhielten uns. Sizwe fragte, ob wir denn nicht wie geplant unsere Einkäufe machen wollten, und ich meine mich zu erinnern, daß ich ihm antwortete, wir wären es zufrieden, vom Lachen und von der frischen Luft zu leben. Und tatsächlich hatten wir das Gefühl, daß wir von Khanyis Lachen, zusammen mit unserer Liebe und Fürsorge, noch wochenlang leben könnten. Aber mein Mann war nicht damit einverstanden und erinnerte mich daran, daß ich ihm zum Abendessen einen dicken Fleischeintopf versprochen hatte! Also machten wir uns auf den Weg...

In den darauffolgenden Monaten ereignete sich nicht sehr viel. Khanyi brachte uns laufend ihre neuen Geschichten, und wir freuten uns darüber. Einige waren nicht so gut, andere aber großartig, und das sagten wir ihr auch. Ich weiß nicht mehr, was uns davon abhielt, den Versuch zu wagen, sie zu veröffentlichen. Aber ich weiß noch gut, daß Mama in jenem Jahr sehr krank wurde und wir uns alle große Sorgen um sie machten. Schließlich wohnte sie ganz bei uns, und während jener Monate wurde Khanyi sehr erwachsen. Sie saß an Mamas Bett und las ihr Stellen aus der Bibel vor, um die sie gebeten hatte. Wie alte Freundinnen sprachen sie leise miteinander. Manchmal kam ich von der Arbeit nach Hause und fand sie beide schlafend, Khanyi knieend vor Mamas Bett, ihr Kopf ruhte auf ihrer Brust. Ich stand dann einfach da und lächelte auf sie herab. Sizwe fand, daß dies die beste Medizin für beide sei, und deshalb störten wir sie nie.

Eines Abends rief mich Mama nach dem Abendessen an ihr Bett. Sie hatte nicht viel gegessen. Ihr Interesse am Essen hatte sehr nachgelassen; Tee – ja, den mochte sie noch und gelegentlich etwas heiße Zitronenlimonade. Ich saß auf ihrem Bett, und sie erklärte mir, daß die Schmerzen in der Brust schlimmer würden und sie wohl nicht mehr lange zu leben habe. Ich versuchte ihr das auszureden, doch sie nahm meine Hand und fragte: »Es ist doch nicht verkehrt, daß ich jetzt zu unseren Vorfahren gehe, nicht wahr?« Ihre Stimme war sanft und doch entschlossen. Ich wußte nicht, was ich antworten oder tun sollte. Sie redete weiter darüber, daß für sie nun die Zeit gekommen sei, dorthin zu gehen, wo mein Vater war, und daß sie viel zu lange allein gewesen sei. Oh, ich will jetzt nicht alles erzählen, worüber wir an jenem Abend oder an vielen folgenden Abenden sprachen. Doch eines will ich noch erwähnen: Sie bestand darauf und nahm uns allen das Versprechen ab, daß wir keinen Sarg für sie kaufen sollten. Sie wollte in eine Ochsenhaut gewickelt und so begraben werden – in der Haut des Ochsen, den wir ohnehin für die Trauerfeierlichkeiten schlachten würden. In ihren letzten Lebenstagen sagte sie zu Khanyi immer wieder, was für ein schönes Mädchen sie sei. Ohne ein Wort zu sprechen, saß Khanyi stundenlang am Bett ihrer Großmutter und rieb ihr die kalten Füße. Ihre großen runden Augen schienen Dinge zu sehen, die keiner von uns zu sehen vermochte. Mama schien zu wissen, was sie sah.

Dann starb Mama, und Khanyis Augen waren voller Tränen, doch kein Laut kam über ihre Lippen. Ja, wir alle weinten, denn wir hatten Mama sehr geliebt und hätten uns gewünscht, daß sie länger bei uns geblieben wäre. Ich machte mir Sorgen um Khanyi. Wenn ich doch nur viel stärker und größer wäre, dachte ich, dann würde ich sie auf meinem Rücken tragen und sie in den Schlaf wiegen, als wäre sie ein kleines Baby. Wir begruben Mama so, wie sie es sich gewünscht hatte. Einige Familienangehörige und Mitglieder ihrer Kirche erhoben deswegen ein großes Geschrei, doch wir blieben beharrlich und ließen uns nicht davon abbringen, Mamas Wunsch zu erfüllen. Die Anwesenheit meines ältesten Onkels aus KwaNongoma stellte eine große Hilfe dar. Einem weiseren Mann als ihm bin ich wohl noch nie begegnet.

Mehr als ein Jahr war seitdem vergangen, und Khanyi hatte mit sehr guten Noten ihre Schulabschlußprüfung bestanden. Aber sie sagte, sie wolle noch nicht zur Universität gehen, sondern erst ein Jahr lang arbeiten und sparen lernen. Sizwe und ich versuchten sie umzustimmen, doch ihr Entschluß war gefaßt. Mama hatte Khanyi ihre Nähmaschine geschenkt, und sie begann, sich ihre eigenen Kleider zu nähen. Dafür ging sie in eine teure Boutique, probierte dort Kleider an und bewunderte sich im Spiegel. Und ich muß zugeben, ihre Figur ist genau richtig für solche Kleider: Größe 38 – sie sah toll aus! Am liebsten hätten die Verkäuferinnen Beifall geklatscht, wenn sie auf und ab ging wie ein Model auf dem Laufsteg und ihre bezaubernde Figur zur Schau stellte. Einige wenige Male begleitete ich sie, wobei ich mir wünschte, daß ich ihr alles kaufen könnte, was sie anprobierte! Doch das hätte natürlich dem Sinn der Sache Abbruch getan. Khanyi und ich suchten dann das nächste Stoffgeschäft auf und kauften meterweise schöne bunte Stoffe. Danach gingen wir nach Hause und lachten noch immer über die Verkäuferinnen, die so begeistert gewesen waren. Nun nahm Khanyi Maß und begann zuzuschneiden – alles ohne Schnittmuster. Sie nähte und steckte ab und schuf wunderschöne Kleider und Hosen, die aussahen, als kämen sie direkt aus der teuren Boutique. Ich traute meinen Augen kaum! Oh, Nomaninas Tochter – wie wünschte ich mir, ihre Mutter hätte sie sehen können! Nun mußte ich sie eben für ihre Mutter mit bewundern! Wenn Khanyi auf der Straße ging, drehten sich alle Köpfe nach ihr um. Sie war dunkel, mit glatter Haut und großen Augen. Ihr Haar war immer kurz geschnitten, und sie hat nie versucht, an seiner natürlichen Dichte und Beschaffenheit herumzupfuschen. Ihre große schlanke Figur in den selbstgeschneiderten Kleidern – du meine Güte! Sie sah aus, als wäre sie direkt einem Modejournal entsprungen! Jene Monate waren außergewöhnlich glücklich für sie, und alles schien sich nach ihren Wünschen zu entwickeln. Sie hatte angefangen, in der Stadt am Empfang einer Anwaltskanzlei zu arbeiten. Als sie dort sieben Monate lang tätig war, beschloß sie, im darauffolgenden Jahr an der Universität ein Jurastudium zu beginnen.

Sizwe und ich waren überglücklich und stolz. In Khanyi hatte sich für meinen Mann ein Traum verwirklicht. Als junger Mann hatte er sich sehr gewünscht, Rechtsanwalt zu werden, doch es war nichts daraus geworden. Auf alle Fälle strengten wir uns noch mehr an zu sparen und stellten Anträge auf Stipendien. Khanyi bewarb sich bei mehreren Universitäten. Die verbleibenden Monate des Jahres waren erfüllt von erwartungsvoller Vorfreude und den vielen zu treffenden Vorbereitungen. Ich war außer mir vor Freude. Niemand aus unserer Familie hatte jemals eine Universität besucht, und ich tat alles, damit das Jahr 1989 als historisches Jahr in die Geschichte unserer Familie einginge. Wir luden unseren alten Onkel aus KwaNongoma und ein paar andere Verwandte zu einem Fest im Dezember ein. Khanyi war am 6. Dezember zwanzig Jahre alt geworden, und wir wollten eine weiße Ziege schlachten, um unsere Vorfahren in unser Haus einzuladen und sie zu bitten, Khanyi auf ihrem Weg zu geleiten und zu schützen.

Am 26. Dezember sollte die Feier stattfinden. Ich achtete sorgsam darauf, daß das selbstgebraute Bier gelang – afrikanisches Bier ist sehr wichtig bei der Zeremonie für die Vorfahren. Auch verbrennen wir *impepho* – eine Art Weihrauch aus Kräutern –, wodurch die für solche Zeremonien notwendige Stimmung geschaffen wird. Als der Tag näherrückte und unsere Gäste einer nach dem anderen eintrafen, spürten wir, wie eine Atmosphäre voll menschlicher Wärme und Würde von unserem Haus Besitz ergriff. Khanyi war hilfsbereit wie noch nie. Wir schickten sie hierhin und dorthin, um noch schnell Dinge zu besorgen, die vergessen worden waren – Puddingpulver, Currypulver und Filme für den Fotoapparat, denn es war uns wichtig, diesen Tag, den wir als Familie immer in Erinnerung behalten wollten, auf Fotos festzuhalten.

Also fuhr Khanyi mit dem Minibus-Taxi in unsere kleine Stadt. Mit einem anderen Fahrgast und dem Fahrer saß sie auf dem Vordersitz und nahm das Geld der hinten sitzenden Passagiere entgegen. Der Fahrer achtete zwar auf die Straße und den Verkehr, aber er rechnete auch nach und gab den Leuten das Wechselgeld heraus. Da ertönte die Sirene eines sich nähernden Polizeiwagens. Alle Fahrzeuge beeilten sich, der Polizei Platz zu machen. Ein Lastwagenfahrer, der hinter dem Taxi fuhr, wollte dem Polizeiwagen folgen, damit er schneller vorankäme, doch das erwies sich als schrecklicher Fehler, denn er rammte das Taxi, dessen Fahrer die Kontrolle über das Fahrzeug verlor. Alles ereignete sich in wenigen Augenblicken. Das entstandene Chaos war von den Schreien der Fahrgäste erfüllt, aber Khanyi wußte nur, daß sie große Schmerzen litt. Als die Windschutzscheibe zerbrach, müssen ihre Augen von den Glassplittern getroffen worden sein, denn sie konnte sie nicht mehr öffnen. Jemand trug Khanyi weg, dann verlor sie das Bewußtsein.

Später an jenem Nachmittag erreichte uns die Nachricht von Khanyis Unfall. So schnell wie möglich eilten wir ins Krankenhaus. Ich war fast wahnsinnig vor Angst, daß meine schöne Khanyi sterben würde. Alle versuchten mich zu beruhigen, aber es nützte nichts. Ich stellte mir die entsetzlichsten Dinge vor, die ihr vielleicht widerfahren waren. Als wir im Krankenhaus eintrafen, befand sie sich im Operationssaal – man hatte sie sofort dorthin gebracht. Wir erfuhren, daß sie viele Schnittwunden an den Armen hatte, jedoch keine Knochenbrüche, daß aber etwas anderes, etwas sehr Schlimmes geschehen war: Um ihre Augen stand es nicht gut. Wir warteten eine Ewigkeit im Wartezimmer. Dann durften wir sie sehen. Arme Khanyi. Ihr ganzes Gesicht außer dem Mund war mit Binden umwickelt. Sprechen konnte sie nicht. Ich weiß nicht, ob sie uns hören konnte oder ob sie in einer entsetzlich dunklen Höhle gefangen war und weder heraus noch um Hilfe rufen konnte. Stellt Euch doch vor, Khanyi mit all diesen Verbänden um den Kopf, es war furchtbar, einfach unerträglich. Würde sie nach einigen Wochen oder Monaten wieder sehen können? Würde sie je wieder sehen können? Ich fragte die Krankenschwester, und sie meinte, sie sei sich nicht sicher, aber wir könnten ja den Arzt fragen. Aber an jenem Abend war er nicht mehr da, und wir mußten nach Hause gehen und den anderen die traurige Nachricht bringen.

In jener Nacht tat ich kein Auge zu. Ich konnte an nichts anderes denken als an Khanyi, die ich in verschiedenen Stadien ihrer Kindheit im Geiste vor mir sah. In meinen Gedanken ließ ich einen Filmstreifen ablaufen, bis das Bild ihres verbundenen Gesichts erschien, da stoppte ich ihn. Ich weigerte mich, der Gegenwart und der Zukunft ins Auge zu schauen. Ich weinte nicht, deshalb muß Sizwe wohl gedacht haben, ich schliefe... Ich hörte, wie er sich im Schlaf ruhelos hin- und herwarf. Dann schreckte er auf, erwachte wie aus einem Alptraum. Er schlief nicht wieder ein, und wir lagen einfach da und horchten auf die an der Wand leise tickende Uhr. Dann hörten wir die Hähne krähen und den ersten Bus in die Stadt fahren.

In den darauffolgenden Wochen gingen wir Tag für Tag ins Krankenhaus. Mein Mann hatte sich Urlaub genommen. Unsere Verwandten kehrten bald wieder nach Hause zurück, denn das geplante Fest fand ja nicht statt. Khanyi war noch einmal an den Augen operiert worden, und während der drei Besuchsstunden täglich saßen wir immer an ihrem Bett. Sie redete nicht viel, und ich vermißte schmerzlich ihre großen braunen Augen. Ich wünschte mir sehnlichst, ich könnte in diese Augen schauen und ihr mitteilen, wie sehr ich sie liebte... Habt Ihr jemals diese dummen Sprüche gehört: »Taub ist besser als blind« oder »Blind zu sein ist besser, als taub oder stumm zu sein«? Ich weiß nicht, was besser oder schlimmer sein könnte, ich weiß nur, daß jeder Mensch in seiner ihm eigenen individuellen Einzigartigkeit etwas Besonderes ist, und Khanyis Augen waren etwas ganz Besonderes. Sie schienen Licht auszustrahlen, und nun, da sie erblindet war, hatte ich das Gefühl, daß dieses Licht ausgelöscht wurde.

In den vergangenen anderthalb Jahren mußte Khanyi unzählige Behandlungen über sich ergehen lassen. Ich denke, sie hat während dieser Zeit viel über sich selbst gelernt. Und ich habe aufgehört, soviel Selbstmitleid zu haben, mich zu benehmen, als sei mein Baby gestorben. Manchmal mußte Khanyi mich beruhigen und zur Vernunft bringen.

Als sie aus dem Krankenhaus kam, schenkte sie ihre Nähmaschine einer Cousine, die sie brauchen konnte. Ich schimpfte und schrie und rief, sie würde die Maschine selbst noch brauchen, wenn sie wieder sehen könnte. Doch da sagte Khanyi ganz ruhig zu mir: »Tante Jabu, ich habe großes Glück gehabt, daß ich bei dem Unfall nicht ums Leben gekommen bin. Bitte hilf mir jetzt weiterzuleben. Meine Augen sind keine wertvollen Edelsteine, die verlorengegangen sind und die Detektive eines Tages wiederfinden werden. Ein völlig neuer Anfang erwartet mich.«

Tagelang dachte ich über nichts anderes nach als über diese paar Worte: »Ein völlig neuer Anfang erwartet mich«. Wie ein verrückter Papagei wiederholte mein Gehirn unablässig diesen Satz. Ich versuchte, mir seine vielfache Bedeutung klarzumachen. Oft sprach ich mich mit Sizwe darüber aus, und gemeinsam trafen wir unsere Entscheidungen. Wir würden Khanyi vorlesen. Eine Woche war ich dran und Sizwe in der nächsten. Khanyi machte sich ziemlich lustig über uns, wir seien nicht gerade gute Vorleser. Sizwe suchte humorvolle Bücher aus, und wenn er vorlas, setzte er alles dran, sie zum Lachen zu bringen. Und sie begann wieder zu lachen! Ihr helles Lachen, mit dem unseren vermischt, war so herrlich wie der erste Regen nach einer langen Dürre. Ich spreche von Regen, denn ich lachte und weinte gleichzeitig – Tränen der Freude.

Ihr fragt Euch bestimmt, was aus Khanyis Geschichtenschreiben geworden ist. Sie bat uns, ihre Geschichten sorgfältig aufzubewahren, bis sie gelernt habe, in Blindenschrift zu schreiben, dann würde sie sich wieder Geschichten ausdenken. In diesem Jahr hat sie mit dem Unterricht begonnen, und sie besitzt eine neue Braille-Schreibmaschine zum Üben. Sie sagt, sie wolle die Geschichten nun mit neuen Augen sehen und versuchen nachzuempfinden, was sie damals fühlte, als sie sie zuerst schrieb.

Für uns beide waren die vergangenen zwei Jahre endlos lang. Doch die Zeit hat ihr Heilung gebracht und mir auch. Manchmal, wenn ich sehe, wie sie die Dinge in die Hand nimmt und das Leben akzeptiert, denke ich, daß ihre Seele wohl sehr alt sein muß.

Ja, Khanyi ist noch immer sehr schön. Die Narben auf ihrem linken Arm bemerkt man kaum, die Wunden sind gut verheilt. Auch ihr Gesicht sieht nicht schlimm aus. Ihre Augen sind eingesunken und immer geschlossen, die Haut ist von tiefer brauner Farbe. Nach wie vor ist Khanyi eine starke Persönlichkeit, liebenswert und schön. Wenn sie ihre dunkle Brille trägt und auf der Veranda sitzt, merkt niemand, daß etwas anders ist. Manchmal bekommt sie Besuch von dem Mädchen, das sie in der Schule in der Stadt kennengelernt hat, oder Khanyi geht selbst und besucht sie. Ihr seht, ich nenne die beiden immer noch Mädchen, obwohl sie jetzt junge Frauen sind. Nun, das ist der Lauf der Welt, für mich wird sie immer mein kleines Mädchen sein.

Gestern abend, am Montag, den 1. Juni 1992, saßen Khanyi und ich draußen auf der Veranda und – wir schauten beide zu, wie der Vollmond aufging. Ja, das hatte sie sich gewünscht! In kleinen Schlückchen tranken wir unseren Kaffee, hielten uns an der Hand, und jede hing ihren eigenen Gedanken nach. Ich dachte nur eines: »Ein völlig neuer Anfang«.

Lob der Mütter

Wenn der Mond heute nacht aufginge
Und sein Licht mein Gesicht erhellte,
Wenn er meine stolze Gestalt
Mit den Perlenschnüren am Hals
Und den Muscheln im Haar beschiene,
Meine Gestalt in dem weichen fließenden Gewand
In den Farben Afrikas,
Wenn ich auf der Spitze eines Berges stünde
Und meine Stimme erheben würde
Zu einem Lobgesang
Auf die Frauen meines Landes,
Die sich ein Leben lang abmühten,
Nicht für sich selbst,
Sondern dafür,
Daß alle Afrikaner Leben hätten,
Wessen Lob wohl würde ich singen?

Ich könnte ihre Namen aufzählen – ja,
Doch bei welcher begänne ich?

Beginne ich bei denen,
Die ihr Leben dafür gaben,
Daß wir anderen ein besseres Leben hätten?
Bei Frauen wie Lillian Ngoyi, Victoria Mxenge
Und Ruth First;
Oder bei jenen,
Die ihre Männer verloren geben mußten
An Robben Island und an das Exil
Und trotzdem weiterkämpften,
Wie Ma Motsoaledi, Ma Sisulu, Winnie Mandela?

Vielleicht würde ich mein Lied singen
Auf die Frauen mit der Kraft und Klugheit
Einer Wüstenkobra:
Priscilla Jana, Fatima Meer, Beauty Mkhize;
Oder auf jene, die die Wüste verwandelten
In einen großen Gemüsegarten,
Von dem die Menschen leben konnten:
Mamphela Ramphele, Ellen Kuzwayo.

Oder wären es die Namen der Frauen,
Die auf die Straße gegangen sind,
Einzelhaft und Hausarrest erlitten haben:
Helen Joseph, Amina Cachalia, Sonya Bunting,
Thoko Mngoma, Florence Matomela...
So viele Namen fallen mir noch ein,
Wenn ich an den gewaltlosen Widerstand denke
Und an den Kampf gegen die Bierhallen,
Die unseren Männern die Kraft aussaugen,
An den Bau von alternativen Schulen,
Um der Bantu Education zu entgehen,
Und an die Kämpfe gegen die Paßgesetze.

Vielleicht aber würde ich einen Namen auswählen,
Einen einzigen besonderen Namen,
Der LICHT bedeutet,
Den Namen von Mama Nokukhanya Luthuli.

Wenn ich im hellen Schein des Mondes
Von der Spitze des Berges
Ihren Namen rufen würde,
NO KU KHA NYA !!
NO KU KHA NYA !!
Vielleicht würde der Wind meine Stimme davontragen
Zu all den anderen Frauen,
Deren Namen nicht oft genannt werden,

Zu denen,
Die Apfelsinen und Kartoffeln verkaufen,
Damit ihre Kinder essen und lernen können,
Zu denen, die in turmhohen Bürogebäuden,
Während die Stadt schläft,
Fußböden schrubben
Und die Schreibtische der Manager polieren,
Zu denen, die in überfüllten Krankenhäusern
Leben retten, Schußwunden säubern
Und Kinder zur Welt bringen.

Und was ist mit den Frauen,
Die verlassen in den Homelands leben
Mit einem Baby im Bauch und einem auf dem Rücken,
Während ihre Männer
Im Bauch der Erde schwitzen?
Feiern wir doch alle diese Frauen,
Daß ihr Leben aufleuchte,
Wenn ich Mama Nokukhanyas Namen rufe,
NO KU KHA NYA !
Ja, wir, die wir jung sind,
Wir grüßen unsere Mütter,
Die uns ihr königliches Erbe
Hinterlassen haben!

August 1989

Dumisani

Eine Mutter erzählt:

»Mein Sohn ist elf Jahre alt und besucht die erste Klasse einer Grundschule hier in der Nähe. Am 11. Juli wurde er auf dem Heimweg von der Schule verhaftet. Es war gegen zwei Uhr nachmittags, viele Kinder befanden sich auf dem Weg nach Hause, und es hatte angefangen zu regnen. Mein Sohn wollte den Regen abwarten und rannte zu einem alten Schuppen am Straßenrand, um sich dort unterzustellen. Zwei Straßen weiter fand gerade eine Auseinandersetzung mit der Polizei statt – ältere Schüler bewarfen aus Protest Autos und Busse mit Steinen. Wie ich erfuhr, hatten sie lange, ehe der erste Regen fiel, damit begonnen, und die Polizei machte in alle Richtungen Jagd auf diese Kinder. Einer der Polizisten war über den Zaun in den Hof gesprungen, wo der alte Schuppen stand. Er schaute sich um und sah, daß alle Jungen, hinter denen er her gewesen war, verschwunden waren – Du weißt doch, wie es in Alexandra ist: Die Gebäude stehen so nahe aneinander, daß es viele Durchgänge zwischen den Häusern und durch die Häuser hindurch zur nächsten Straße gibt; nur Leute, die dort wohnen, kennen sich aus. Was der Polizei die Sache sehr erschwert. Also, der Polizist schaute sich um und hatte keine Ahnung, wohin die Jungen verschwunden sein mochten. Dann fiel sein Auge auf den kleinen Schüler in dem Schuppen. Er stellte ihm keinerlei Fragen, sondern sagte nur: »Los, komm!« und nahm ihn mit.

Ich wußte nicht, ob ihm etwas zugestoßen war, es wurde immer später, und er war weit und breit nicht zu sehen. Zuerst war ich böse, daß er nicht rechtzeitig nach Hause kam.

Verstehst Du, Dumisani weiß ja, daß er heimkommen muß, damit wir jemanden hier haben, der uns mit diesem und jenem zur Hand gehen kann. Wir können ihn in den Laden schicken, außerdem hilft er mir, die Kohle für den Ofen hereinzuholen, und manchmal kümmert er sich um das Baby, wenn es weint und ich mit anderen Dingen beschäftigt bin. Es war schon sechs Uhr geworden und dann sieben und er noch immer nicht da. Ich bekam panische Angst. Im Winter wird es ja so schnell dunkel. Ich konnte mir einfach nicht vorstellen, was ihm wohl widerfahren sein mochte. Dann beschloß ich loszugehen und ihn zu suchen. Ich hatte vor, den Mann meiner Nachbarin zu bitten, mit mir in seinem Auto herumzufahren, uns überall in der Township umzusehen und bei Freunden und Verwandten nach Dumisani zu fragen. Irgendwie hatte ich aber das Gefühl, daß wir beim Polizeiposten Wynberg landen würden, obwohl ich mir überhaupt nicht erklären konnte, warum er dort sein sollte. Ich war gerade fertig und wollte mich auf den Weg machen, als es sehr laut an der Tür klopfte. Nur eine einzige Art Fäuste hämmert so an Türen. Und natürlich war es niemand anderes als die Polizei. Sie kamen herein: ein schwarzer Polizist und viele weiße. Ein paar blieben draußen auf der Veranda, aber der Schwarze, der Dumisani an der Hand hielt, und einige der Weißen betraten das Haus. Du siehst ja, wie eng es hier ist – sie standen herum, schauten sich alles an, rochen, daß ich gerade Essen kochte, und einer ließ die Bemerkung fallen, daß der Spinat sehr gut rieche. Der schwarze Polizist stellte sich vor mich hin und fragte mich, ob der Junge mein Sohn sei. Ich antwortete, ja. Dann fragte er Dumisani, ob ich seine Mutter sei, und er sagte auch ja. Es war ein großer, dunkler Mann mit einem harten Gesichtsausdruck. Man sah, daß er grausam sein konnte – so sind sie alle.

Er sprach Zulu und sagte zu mir: ›Wir haben Ihren Sohn verhaftet.‹

Ich fragte: ›Warum, was hat er getan?‹

›Er hat heute nachmittag Steine auf Busse und Autos geworfen, deshalb haben wir ihn festgenommen.‹

Ich wußte nicht, was ich sagen sollte. Ich schaute Dumisani an, der mit dem Polizisten, der seine Hand nicht losließ, vor mir stand. Ich konnte nicht glauben, daß er das getan haben sollte. Dann sagten sie, ich müsse ihn ausfragen. Er schaute mich nicht an, und mein Herz blutete für ihn, denn er ist ein so stilles Kind. Er versuchte ein wenig zu erklären, was geschehen war, aber es war, als hätte er die Sprache verloren. Die Polizisten befahlen mir, sie auf die Polizeistation zu begleiten. Ich zog mir Schuhe und den Regenmantel an und folgte ihnen nach draußen. Sie führten uns zu einem gepanzerten Polizeifahrzeug, einem ›Hippo‹! Nie hätte ich mir träumen lassen, daß ich jemals in meinem Leben in einem Hippo fahren müßte. Stell Dir vor, in so einem schrecklichen und häßlichen Ding waren sie gekommen! Ich wußte überhaupt nicht, wo ich hintreten mußte, um einzusteigen. Sie standen einfach da und schauten mir zu, dann sagte ich, einer möge mir doch helfen und mich hochziehen.

Mein Sohn war schon drin. Er durfte sich aber nicht neben mich setzen. Mein armes Kind – auch wenn er schuldig wäre, warum dieses verrückte Fahrzeug, warum diese Menge verrückter Männer für ein einziges, wehrloses Kind? Während der ganzen Fahrt konnte ich nur an eines denken. Würden sie mich vergewaltigen? Die meisten der weißen Polizisten waren sehr, sehr jung, doch ich wußte, daß sie zu allem fähig waren. Wir haben ja so viele schreckliche Geschichten gehört; selbst Kinder wurden von Soldaten und Polizisten vergewaltigt. Wir haben Angst und fürchten sie sehr. Innen im Hippo sah alles sehr seltsam aus. Die Sitze glichen einer langen Reihe von kleinen Toilettensitzen aus Plastik; wie viele es waren, weiß ich nicht, eine Menge jedenfalls auf beiden Seiten, und es war dunkel. Ich saß da und wünschte, sie würden sich beeilen, damit wir ankämen, ehe sie mir etwas antun konnten. Dumisani saß zwischen diesen riesigen Männern, Tränen liefen ihm übers Gesicht, und er sah so verwirrt aus. Er begriff überhaupt nicht, was all die weißen Männer von ihm wollten. Ein Kind ist ein Kind, es war so offensichtlich, daß er nicht wußte, wie er sich verhalten sollte. Am meisten Sorge bereitete mir die Kälte. Es war so kalt, und er hatte nicht viel an. Er trug die Khakishorts seiner Schuluniform und ein dünnes Poloshirt unter seinem Khakihemd, das war alles. Er hatte Socken und Schuhe an, doch das wärmte nicht genügend gegen die Kälte nach dem Regen, zudem war es jetzt Nacht. Er sagte, daß er seine Schulbücher wegen des Regens in der Schule gelassen habe... sonst sagte er nichts.

Schließlich langten wir an der Polizeistation an, und dort zeigten sie mir eine Erklärung. Er habe sie geschrieben, sagten sie. Auch hatten sie ihn geschlagen, als er diese Erklärung schrieb, da sie wollten, daß er zugab, Busse und Autos mit Steinen beworfen zu haben, und sich deshalb in dem Schuppen versteckt hätte. Mein Gott, da stand es in seiner krakeligen Kinderhandschrift auf dem Papier. All dies brachte mich so durcheinander, daß ich nichts anderes tat als beten: ›Bitte Gott, mach doch, daß sie ihn nur verwarnen und er dann mit mir nach Hause gehen darf!‹ Er war doch so jung! Ich konnte mir damals wirklich nicht vorstellen, daß aus dem Ganzen eine so schwerwiegende Angelegenheit werden würde. Danach sagten sie mir, ich müsse jetzt nach Hause gehen und das Kind dalassen. Ich begann zu weinen, auch Dumisani weinte und schaute mich immerzu an, doch sie erlaubten mir nicht, mit ihm zu sprechen. Sie befahlen ihm, sich auf die lange Bank dort zu setzen, und ich stand neben dem Schreibtisch, wo der andere Polizist einen Blick auf die Erklärung warf. Auch noch viele andere Polizisten standen in dem Büro und taten nichts. Ich blieb einfach stehen, auch nachdem sie gesagt hatten, ich müsse heimgehen. Sie fragten mich, was los sei, und ich erwiderte, ich verstünde noch immer überhaupt nichts von dem, was sie von meinem Sohn behauptet hatten. Sie fragten, ob ich denn nicht glaube, daß mein Kind anderer Leute Autos mit Steinen beworfen hätte, und ich fragte den Polizisten, ob er ihn denn Steine werfen gesehen habe? Er antwortete, nein, das nicht, er habe ihn nur in dem Schuppen gefunden, aber er wisse, daß er zu jener Bande gehöre. Daraufhin stellte ich ihm die Frage, wie er es sich erkläre, daß der Junge nicht naß gewesen sei, wo es doch so heftig geregnet hatte – denn alle anderen, auch der Polizist, der ihn mitgenommen hatte, waren sehr naß geworden. Eine Antwort erhielt ich nicht. Ein anderer Polizist meinte dann, er habe ihn am 16. Juni bei dem Gedenkgottesdienst für das 1976iger Massaker von Sharpeville in der Gemeindehalle von Nobuhle gesehen. Die Lügen dieser Leute waren einfach unglaublich! Ich fragte, warum sie ihn denn damals nicht verhaftet hätten, wenn er ihnen inmitten dieser Menschenmassen aufgefallen wäre. Ich weiß genau, daß Dumisani an jenem Tag in Thembisa gewesen ist; ich hatte ihn mit Lindiwe, einem größeren Mädchen, dorthin geschickt, denn allein konnte er diesen Weg nicht zurücklegen. Doch sie bestanden darauf, daß er bei der Veranstaltung dabei gewesen sei und sie ihn gesehen hätten. Ich war sehr verwirrt und habe nicht mehr weiter mit ihnen zu argumentieren versucht. Ich ging. Ein Polizist fuhr mich nach Hause.

Völlig niedergeschlagen kam ich zu Hause an. Mein Kind allein mit diesen verrückten Männern! In jener Nacht habe ich kaum ein Auge zugetan und unablässig daran gedacht, wie kalt es dort sein mußte, in den Zellen oder wo immer sie ihn eingeperrt hatten. Und ich schlief in einem warmen Bett, denn das Haus war vom Kohlenfeuer im Herd noch immer warm. Am nächsten Morgen ging ich wieder zur Polizeistation, wie sie gesagt hatten. Um acht Uhr war ich mit meiner Cousine am Tor. Dort stand dieser *mantshingilane* – der Wachmann –, der uns einlassen sollte, doch zuerst verlangte er zu wissen, was sich in meiner Tasche befände. Ich sagte, ich hätte meinem Sohn einen warmen Trainingsanzug mitgebracht. Er weigerte sich, mich damit ins Gebäude zu lassen, und erklärte mir, er behielte den Anzug, bis ein Polizist von drinnen ihm Bescheid gebe, es sei in Ordnung. Das kam mir sehr seltsam vor, aber was blieb mir anderes übrig, als ihm das Kleidungsstück zu überlassen. Das einzige, was man mit hineinnehmen darf, ist eine kleine Handtasche mit dem Geld. Wir gingen also hinein und fanden dort Dumisani, der bereits mit demselben schwarzen Polizisten, der auch in mein Haus gekommen war, auf der Bank saß. Wir setzten uns und begrüßten ihn. Er war so verängstigt und sah so müde aus, als habe er seit gestern abend auf der Bank gesessen. Lange Zeit saßen wir da, niemand kümmerte sich um uns. Wir durften auch nicht zusammen sprechen, denn die Polizisten hielten sich die ganze Zeit in dem Raum auf und paßten auf. Also blieben wir einfach sitzen.

Nach einiger Zeit kam ein älterer Junge herein, der sich neben uns setzte. Er grüßte uns und fragte, ob Dumisani mein Sohn sei. Ich sagte ja, und er wollte wissen, was er denn hier täte. Daraufhin erklärte ihm der leitende Polizeibeamte, daß er in Haft sei. Der ältere Junge war entsetzt und fragte warum. Worauf sie ihm erzählten, daß Dumisani mit Steinen nach Bussen geworfen und den Mercedes von irgend jemandem beschädigt habe. Dann fuhren sie den Jungen an, er solle nicht so viele Fragen stellen, denn wenn diese Kinder Frauen mit Schlägen belästigten, Autos mit Steinen bewürfen und anderer Leute Mercedes beschädigten, dann hätten er und seine Organisation überhaupt nichts getan, sondern seien statt dessen ins Kino gegangen. Der Junge gehörte wohl zu *Cosas* oder *Ayco**, deshalb sag-

* COSAS: *Congress of South African Students* – Südafrikanischer Studentenverband
AYCO: *Alexandra Youth Congress* – Jugendverband der Township Alexandra

ten sie, wenn er ein Anführer sei, dann müsse er diesen Kindern klarmachen, was sie tun und nicht tun dürften, anstatt nur immer ins Kino zu rennen. Der Junge stellte keine Fragen mehr. Ich kannte ihn nicht, anscheinend suchte er einige seiner Freunde, die auch festgenommen worden waren.

Es war nach zehn Uhr, als sie uns anwiesen, mit hinauszukommen. Was sie vorhatten, sagten sie nicht. Ich nahm an, daß wir jetzt vors Gericht müßten. Dann, nachdem ich mich noch einmal danach erkundigt hatte, sagten sie, ich dürfe Dumisani nichts anderes zum Anziehen geben. Also schwieg ich still. Meine Cousine und ich mußten uns hinten auf einen Lastwagen setzen, und mein Sohn wurde mit den Männern nach vorn genommen. Während dieser ganzen Zeit hatte ich ihn noch nicht einmal berühren dürfen. Wir fuhren nach Randburg zu einem Notar, vor dem Dumisani einen Eid ablegen und unterschreiben sollte, daß er all die Dinge getan habe, die er in der Erklärung erwähnt hatte. Nur ich durfte mit hineingehen, meine Cousine mußte draußen warten. Ich setzte mich, und sie führten Dumisani vor einen riesigen Buren, den Notar. Dann kam ein anderer schwarzer großer Mann herein, der übersetzte, denn der Notar sprach nur Afrikaans.

Er mußte noch einmal alles neu aufschreiben, dann stellte Dumisani diesen Männern eine einzige Frage: ›Wenn ich Ihnen ganz ehrlich die Wahrheit sage, werden Sie mich dann heute mit meiner Mutter nach Hause gehen lassen? Mir ist sehr kalt.‹

Daraufhin versprachen sie: ›Ja, sag uns die Wahrheit, und dann lassen wir dich gehen.‹

Also erzählte er ihnen, wie sich in Wahrheit alles abgespielt hatte, wie er tatsächlich in dem Schuppen gewesen war, aber um vor dem Regen Schutz zu suchen und vor nichts anderem. Dann sagte er, daß er die Erklärung, er hätte Steine auf die Busse und den Mercedes geworfen, aus

Angst geschrieben habe, weil die Polizisten ihn geschlagen hätten.

Mir wurde klar, daß sie ihn niemals freilassen würden. Und so war es auch. Sie zwangen ihn zu unterschreiben. Sie drückten ihm einen Stift in die Hand, und er unterschrieb langsam und sorgfältig.

Was für ein entsetzliches Gefühl war das doch für mich, dabeizusitzen und alles mitansehen zu müssen. Dann mußte er die Hand heben – so – und schwören! Einen Eid schwören, daß all diese falschen Beschuldigungen richtig wären. Und der Notar weigerte sich, die Wahrheit zur Kenntnis zu nehmen! Mich hießen sie stillschweigen, ich durfte nichts sagen; als ich für mein Kind sprechen wollte, ließen sie mich nicht. Sie unterschrieben und stempelten ihre verlogenen Papiere, dann fuhren sie uns zurück. Wieder saß Dumisani vorn. Und noch immer war es sehr kalt. Jenen Tag werde ich nie vergessen. Wenn ich nur daran denke, wie kalt uns war! Und wieviel mehr fror Dumisani, der nichts Warmes anzuziehen hatte!

Als wir wieder auf der Polizeistation waren, konnte ich Dumisani endlich von dem, was ich mitgebracht hatte, zu essen geben. Inzwischen war es Nachmittag geworden – Zeit spielt bei diesen Leuten ja keine Rolle. Wieder saßen wir da, Dumisani mit dem Essen vor sich, aber er rührte nichts an. Ich weinte, ich wußte nicht mehr, wie es weitergehen sollte. Dumisani zitterte vor Kälte und Erschöpfung und schaute nur immer zu Boden. Dann sagten sie, wir sollten nach Hause gehen, sie würden ihn wieder einsperren. Ich weinte immer weiter und Dumisani auch. Meine Cousine wurde schließlich ungeduldig mit mir: ›Du weinst nur immerzu und fragst nicht einmal, wie lange er dableiben muß!‹ Ich wischte mir die Tränen ab und fragte. Eine Antwort erhielt ich nicht, sie meinten nur, daß er vor dem Gericht in Saal Nr. 15 erscheinen müsse. Meine Cousine drängte mich zu fragen, wann, worauf sie ›Montag‹ antworteten. Aber diese Auskunft genügte ihr nicht, sie wollte noch wissen, wo Saal Nr. 15 sei. Vorwurfsvoll schaute der Polizist sie an, als wolle er ihr zu verstehen geben, daß sie zu viele Fragen stellte, erklärte ihr aber dann, es handle sich um das Gericht Nr. 15 in der West Street. Ich war so froh, daß meine Cousine bei mir war. Ich selbst konnte nicht mehr klar denken. Ich fragte Dumisani, warum er denn nicht essen wolle, und er antwortete mir, er könne nicht, denn der Polizist hätte ihn geschlagen, ins Gesicht, und einer seiner Backenzähne sei herausgebrochen und alles in seinem Mund schmerzte und sei wund. Das erzählte er vor dem Polizisten, der natürlich alles ableugnete und sagte, er habe ihn nur aufs Hinterteil geschlagen. Ich fragte, ob ich ihm etwas anderes zu essen bringen könnte, aber sie sagten nein, sie hätten genug zu essen für ihn. Und so mußte ich ihn zurücklassen. Als ich am Samstag hinging, durfte ich ihn nicht sehen und auch am Sonntag nicht. Sie sagten nur, er weigere sich zu essen. Ich bat darum, mit ihm sprechen zu dürfen, aber sie wiesen mich wiederum ab.

Am Montag also ging ich zu dem Gerichtssaal. Zum ersten Mal in meinem Leben sollte ich bei einer Gerichtsverhandlung zugegen sein. Es lief mir heiß und kalt den Rücken herunter, als ich den Raum betrat, mir graute. Ich habe keinen Ehemann, also begleitete mich mein Cousin, denn ich wußte, daß ich nur in Begleitung eines Mannes dort hineinkommen würde. Meine Knie zitterten, aber ich gab mir Mühe, nicht zu weinen. Wieder hatte ich warme Kleidung für Dumisani mitgebracht, und wieder durfte ich sie ihm nicht geben. Er wurde hereingeführt und stand da – Du hättest ihn sehen sollen, das sollte mein Kind sein? So schmutzig und halb verhungert! Sie ließen ihn kein einziges Wort sagen, sondern vertagten den Fall. Dann stand ich auf und bat jenen Mann, den Richter, darum, mein Kind mit mir nach Hause gehen zu lassen, ihn auf Kaution freizulassen, aber nein, davon wollten sie nichts wissen.

Dann besorgten wir uns einen Rechtsanwalt. Am nächsten Montag gingen wir wieder in den Gerichtssaal, aber an diesem Tag fand keine Verhandlung statt. Ohne uns davon in Kenntnis zu setzen, hatten sie Dumisani ins Gefängnis am John Vorster Square überführt. Es war zum Verzweifeln! Am Dienstag wurde die Verhandlung in der West Street fortgesetzt. Dumisani berichtete wieder, was sich abgespielt hatte und daß er nichts von alledem getan hätte, was sie ihm vorwarfen. Er sah furchtbar aus: völlig abgemagert; sein Haar war lang und ungekämmt und sehr schmutzig. Und die Verhandlung – meine Güte! Das ging den ganzen Tag lang! Sie stellten Fragen über Fragen, und der Rechtsanwalt antwortete für uns. Manches verstand ich nicht. Du weißt doch, wie sie reden – diese Sprache, die nur vor Gericht gesprochen wird... Als sie sich dann an mich wandten und mich fragten, ob er mein Sohn sei und eine Schule besuche, sagte ich ja. Selbst der Dümmste konnte ja seine schmutzige Schuluniform sehen –, trotzdem stellten sie diese Frage! Sie wollten auch wissen, ob er ein ungehorsames Kind sei, worauf ich sagte, nein, das sei er nicht, er käme sofort von der Schule nach Hause und würde mir sehr viel im Haushalt helfen. Ich sagte ihnen auch, daß ohne seine Hilfe das Leben für mich sehr schwierig sei. Dann verlangte ich noch, daß sie ihn auf Kaution freiließen, denn er müsse doch zur Schule gehen. Der Rechtsanwalt hat sich sehr für uns eingesetzt. Auch der Schulleiter schrieb einen Brief, in dem er Dumisani als ein sehr begabtes und gehorsames Kind beschrieb und darum bat, ihn auf Kaution freizulassen, damit er weiterhin die Schule besuchen könne. Aber sie lehnten ab. Er würde dann doch nach Botswana fliehen wie so viele andere auch, die auf Kaution freigelassen worden waren. Oder wenn er nicht flöhe, dann würden die Studenten in der Nacht das Haus anzünden, weil sie wüßten, daß er ein Verräter sei. Sie sagten, es sei nur im Interesse des Jungen und seiner Sicherheit, daß sie ihn im Gefängnis behielten.

Ich allerdings machte mir größte Sorgen um seine Sicherheit im Gefängnis. Jedesmal, wenn ich ihn sah, stimmte etwas nicht. Sie hatten ihn noch weiter geschlagen, dieses Mal war seine Nase völlig verschwollen und die Haut aufgeplatzt. Und wie sollte denn ein elfjähriges Kind nach Botswana fliehen, wenn es kaum allein nach Thembisa gehen kann? Es weiß nicht einmal, wo dieses Land auf der Landkarte zu finden ist.

Und noch etwas geschah. Einer der Polizisten ging zum Schulleiter und fragte ihn nach Dumisani aus. Er bekam zur Antwort, Dumisani sei ein ruhiger und sehr kluger Junge, sie sollten ihn bitte freilassen, damit er die Schule besuchen und mit den anderen seine Arbeiten schreiben könne. Der Polizist entgegnete ihm, wieso die Mutter dann sage, er sei ein äußerst ungehorsames Kind, das nicht auf die Erwachsenen höre? Das verunsicherte den Schulleiter. Daran kannst Du sehen, daß sie die ganze Zeit nichts anderes tun als lügen.

Unser Rechtsanwalt setzte sich weiter unermüdlich dafür ein, daß sie ihn auf Kaution freiließen. Es dauerte sehr, sehr lange, doch schließlich kam der Fall vor das Oberste Gericht, und dort gewährten sie die Kaution. Er blieb noch einige Tage bei dem Rechtsanwalt, dann kam er endlich nach Hause. Und jetzt versucht er, zur Ruhe zu kommen, aber er leidet unter schlimmen Alpträumen und schreit in der Nacht, und er vergißt Dinge. Ich schicke ihn in den Laden, um einen Liter Paraffin zu kaufen, und er kommt mit einem Liter Coke zurück. Auch in seinem Mund ist noch immer alles wund, und ich mache mir nach wie vor große Sorgen um ihn. Aber ich denke, eines Tages wird alles wieder in Ordnung kommen. Doch für sein Alter hat er soviel durchgemacht, daß ich glaube, es wird noch lange dauern, bis er dies alles vergessen kann – wenn er es jemals vergißt.«

* * *

Wir hatten unser Interview beendet, und sie bestand darauf, daß ich zum Abendessen bleiben müsse. Während sie Teller auf den Tisch stellte und alles vorbereitete, wachte ihr sieben Monate altes Baby auf und fing an zu weinen. Sie holte das Kind und legte ihm eine frische Windel um. Dann spielte sie mit ihm, warf es in die Luft, fing es wieder auf und jedesmal, wenn es wieder in ihren Armen landete, kreischte das Kind vor Vergnügen. Es war dunkel geworden, und im flackernden Licht der Kerzen schaute ich ihnen lachend zu. Dann sagte sie: »Lach, mein Baby, lache, solange du noch lachen kannst, du weißt noch nichts von der Welt, in die du hineinwächst. Morgen schon werden sie kommen und dich abholen!« Ich glaube, ich sah Tränen in ihren Augen, doch sie lachte, gab lustige kleine Geräusche von sich und einen Kuß auf den süßen Popo des Babys.

Es herrscht wieder Ruhe

Man könnte meinen, alle würden sich schlafen legen. Der Regen fällt in dicken Schnüren, und ich glaube nicht, daß er so bald aufhört. Normalerweise würde ich mich den anderen anschließen und auch ins Bett gehen, während draußen der Regen herunterprasselt; ich könnte auf das Geräusch lauschen und darauf warten, daß der Schlaf kommt und mich in seine Arme nimmt. Ich möchte auch keine Musik spielen. Ich möchte nur hier am Fenster stehen und zuschauen, wie das, was vom Regen zu sehen ist, in der Dunkelheit heruntergerauscht kommt.

In den Zeitungen steht immer dasselbe – Bombenanschläge, Verhaftungen von Jugendlichen und politischen Aktivisten, eine Halskrause für einen Spitzel, Schießereien mit der Polizei –, nur die Schauplätze wechseln. Es geht nun so seit… ich weiß nicht wie lange. Einfach deprimierend! Heute brauchte ich nicht mal eine Zeitung zu kaufen, seit heute vormittag geht es hier rund.

Die PUTCO-Busse waren nicht mehr in die Townships gefahren. Letzte Woche tauchten jedoch wieder welche auf. In den Zeitungen stand, daß die Vereinigung der Township-Bewohner die Behörden gebeten hätte, die Busse wieder einzusetzen, aber die Mitglieder der Vereinigung wußten von nichts. Die älteren Leute schienen erleichtert, daß wieder Busse fuhren, aber sie wußten auch, daß es nicht lange gutgehen würde. Lieferwagen waren auch keine mehr gekommen; die Schüler und Studenten hatten in den letzten Monaten einfach zu viele in Brand gesteckt. Und das Haus des »Bürgermeisters« war angezündet worden. Um ein Uhr nachts waren wir durch zwei laute, kurz aufeinanderfolgende Explosionen geweckt worden. Und gleich darauf stand das ganze Haus in Flammen. Der »Bürgermeister« und seine Familie konnten sich gerade noch retten; sie mußten um ihr Leben rennen. Als die Polizei und die Feuerwehr eintrafen, lag das Haus schon in Schutt und Asche. Als ich das sah, dachte ich daran, was er vor ein paar Wochen auf einer Bürgerversammlung gesagt hatte:

»Ihr scheint zu vergessen, daß ich genauso schwarz bin wie ihr und daß ich genauso unter den Gesetzen der Apartheid zu leiden habe.« An dem Gemurmel, das sich unter der Zuhörerschaft erhob, konnte man erkennen, daß ihm das keiner abnahm.

Hier ist wirklich eine Menge passiert, ich komme kaum noch mit. Kinder, die kaum verstehen können, worum es überhaupt geht, brüllen *»Siyayinyova!«*, was nichts weiter heißt als »Wir schlagen alles kurz und klein!«

Heute hatte eigentlich niemand erwartet, daß etwas passieren würde, obwohl eindeutig mehr Polizisten herumliefen als sonst; die Polizei patrouillierte aber schon seit einiger Zeit auf unseren Straßen. Wir gehen einfach unserer Arbeit nach und tun so, als würde es sie nicht geben.

Ich war gerade bei der Arbeit, als ich sie singen hörte. Ich rannte zum Fenster und da, aus einer Schule an der Achten Avenue, diese Kinder – ich sehe sie immer noch vor mir, als hätte ich ein Foto davon im Gedächtnis... Sie strömten aus ihren Klassenzimmern und rannten auf die Straße, wo die Polizei sie erwartete. Sie brüllten, so laut sie konnten *»Siyayinyova!«*, lasen Steine und Ziegel auf und machten sich über die Busse, die Lieferwagen und die Polizeiautos her. Als die Polizei ihnen nachsetzte, rannten sie durch das Gewirr der kleinen Gassen zwischen den Häusern. Ich starrte wie hypnotisiert aus dem Fenster. Überall sah man nur noch rennende Kinder; Schuluniformen, wohin man blickte, und überall diese Stimmen, die sangen, brüllten und

Slogans skandierten. Und brennende Häuser: die Häuser der Polizisten und der Gemeinderäte.

Zwei Firmentransporter wurden vor dem Haus gegenüber verbrannt. Das Feuer sprang über und ergriff auch vom Haus Besitz. Und dann quoll der schwarze Rauch heraus, aus dem Haus und aus den Autos auf der Straße, auf dieser und der nächsten und der übernächsten... Bald waren vor lauter Rauch und Staub keine Straßen mehr zu sehen.

Die Wolken, die von der Erde aufstiegen, vermischten sich mit denen am Himmel. Plötzlich hörten wir ein dumpfes »*Gwara! Gwara!*« Es blitzte und donnerte! Lauter als jede Bombe, jede Gewehrsalve. Die armen Soldaten, ihre Gewehre senkten sich, als der Regen losprasselte – whhhaaa... Vielleicht fiel er, um alles aufzuwaschen.

Die Leute kamen inzwischen von der Arbeit zurück. Es regnete immer noch, aber keiner ging deswegen schneller. Sie gingen im Regen, als wäre alles noch so, wie sie es verlassen hatten. Ein paar hatten schon an ihrem Arbeitsplatz davon gehört, und die anderen konnten selbst sehen, daß einiges passiert war. Aber sie gingen nach Hause, so wie immer, und setzten sich an den Tisch, um ihr Abendbrot zu essen. Ich hatte überhaupt keinen Appetit. Ich frage mich, ob ich mich jetzt schlafen legen soll. Es regnet nur noch leicht, und nichts scheint sich im Dunkel zu rühren.

Allein mit meinen Gedanken

Mehr als einmal
Ertappte ich mich
In letzter Zeit dabei,
Daß ich einfach dasaß,
Allein mit meinen Gedanken.
Nicht, daß ich zuviel Zeit hätte,
Einfach dazusitzen
und meinen Gedanken nachzuhängen,
Ich bin eine vielbeschäftigte Frau
Mit einem vollen Terminkalender,
Ich muß versuchen,
Mit dem Tempo der Welt um mich her
Schritt zu halten.

Doch dann geschieht es irgendwie,
Daß inmitten von Streß und Hast
Alles einfach zum Stillstand kommt,
Und ich ertappe mich
Allein mit meinen Gedanken:
Wäre der Präsident ein besserer Mann,
Wenn er einen Schoß hätte zum Gebären
Und Brüste voll Milch?
Wäre er vielleicht doch bestürzt
Von der Anzahl der Kinder,
Die im Namen von
Frieden, Gesetz und Ordnung
Im Gefängnis sitzen,
Wenn eines
Seiner eigenen Kinder,

Zehn Jahre alt,
Im Gefängnis wäre?
Würde der Gestank von Tränengas
Und blutigen Schußwunden
Das allbekannte Lächeln
Im Gesicht des Präsidenten hervorzaubern,
Wenn er einen Schoß zum Gebären hätte
Und Brüste voll Milch?

Solche Visionen stellen sich ein,
Wenn ich allein bin mit meinen Gedanken,
Wenn ich an meine beste Freundin denke,
Die in einer Gefängniszelle sitzt
Und sich mit schmerzenden Brüsten voll Milch
Nach ihrem kleinen Baby sehnt.

1985

Frieden

Frieden entgleitet
Dem Anmaßenden,
Ist kein neues Parfüm,
Das aufgetragen
Animiert und aufputscht,
Auch keine Diskobeleuchtung
Zum Ein- und Ausschalten.
Und er steht nicht
Zum Verkauf.
Zuviel Blut
Hat unsere Erde getränkt,
Als daß er sich kaufen ließe,
Der einfache Frieden.

Er ist Freiheit und Lachen,
Eine ansteckende Krankheit,
Und soviel wertvoller
Als alle Edelsteine,
Die wir kostbar nennen.
Kein Einzelner allein
Kann darauf hoffen,
Ihn weiterzugeben.
Frieden
Ist ein unsterbliches Licht,
Sein Leuchten lebt in uns,
Sein Glanz geht von uns aus.

1995

Love Child

Inmitten von zwei großen Wäldern lag ein liebliches Tal, dort lebten die Menschen glücklich und zufrieden, und für alle Lebenssituationen gab es ein Lied. Bis eines Tages ein Krieg ausbrach und alles veränderte. Der Dorfvorsteher wurde krank, er konnte nicht mit seinen Soldaten in den Krieg ziehen. Viele Menschen sagten, daß nicht nur sein Körper krank sei, sondern das Weh in seinem Herzen mache ihn krank. Der Vorsteher des anderen Dorfes, gegen das der Krieg geführt wurde, war ein Verwandter von ihm, sie waren zusammen großgeworden, sie liebten einander. Und nun war zwischen ihren Leuten Krieg ausgebrochen. Ein junger Mann mit dem Namen Mthunzi wurde beauftragt, zu Hause zu bleiben und für den kranken Dorfvorsteher zu sorgen.

Draußen auf dem Schlachtfeld starben viele Menschen, doch daheim im Dorf nahm das Leben seinen gewohnten Gang – die Frauen versorgten ihre Kinder und Häuser, die Jungen kümmerten sich um das Vieh und die Schafe, die kleinen Kinder spielten wie immer ihre Spiele. Doch am Abend eines jeden Tages kamen sie in ihren Häusern zusammen und redeten über den Krieg. Es war alles sehr traurig, und viele wußten eigentlich gar nicht so recht, warum es überhaupt zu dem Krieg hatte kommen müssen.

Nun, eines Tages erschien ein junges Mädchen im Dorf. Sie war außerordentlich schön, sie war fröhlich, und in ihrem Gang lag nichts als Hüpfen und Springen. Alle waren von ihrer außergewöhnlichen Schönheit beeindruckt, und jeder fragte sich, woher sie wohl stammen mochte. Sie sagte, ihr Name sei Nomlambo, doch von wo sie gekommen war, verriet sie nicht. Sie fragte, wo die alten Frauen des Dorfes arbeiteten, und man zeigte ihr das große runde Haus, in dem sie saßen. Nomlambo ging hinein, setzte sich zu ihnen und half ihnen, Körbe und Grasmatten zu flechten und Besen und viele andere nützliche Dinge herzustellen.

Alle mochten sie auf den ersten Blick, waren von ihren schnellen und geschickten Fingern beeindruckt und wollten mehr von ihr erfahren. Aber sie weigerte sich, ihnen mehr zu verraten als ihren Namen Nomlambo – das Mädchen vom Fluß. Sie sang und lachte mit ihnen und verschwand am gleichen Nachmittag wieder, kehrte aber am nächsten Morgen zurück. Wieder arbeitete sie den ganzen Tag, um am Abend das Dorf abermals zu verlassen.

Die Mädchen des Dorfes wurden sehr eifersüchtig, weil ihre Großmütter von diesem seltsamen neuen Mädchen so eingenommen waren. Am nächsten Tag gingen sie alle in das große runde Haus, baten die alten Frauen, hinauszugehen, und machten sich selbst zusammen mit Nomlambo an die Arbeit. Heute wurden in dem runden Haus keine Lieder gesungen und ganz gewiß keine lustigen Geschichten erzählt. Die Mädchen wetteiferten beim Arbeiten miteinander, und ihre Mütter und Großmütter standen draußen und beobachteten sie durch die Fenster und Türen. Sie lachten und sangen ein Lied, das sie sich für Nomlambo ausgedacht hatten. Am Abend redeten alle Jungen über das schöne Mädchen, und jeder wollte ihr ganz nahe kommen. Als Nomlambo an jenem Nachmittag das Dorf verließ, rannten sie hinter ihr her und verfolgten sie, doch sie war viel zu schnell, als daß jemand sie hätte einholen können. Also kehrten die Jungen keuchend und außer Atem ins Dorf zurück.

Dann hörte Mthunzi, der junge Mann, dem die Fürsorge für den Vorsteher des Dorfes übertragen worden war, von Nomlambo. Er kam, um sie kennenzulernen, und sie gefielen einander sehr. Doch viele Leute hatten inzwischen begonnen, Nomlambo mit Mißtrauen zu begegnen, könnte sie doch eine Spionin des anderen Dorfes sein, vielleicht sagte sie deshalb nicht, woher sie gekommen war.

Während Nomlambo und Mthunzi unter einem Baum saßen und zusammen lachten und schwatzten, sangen die alten Frauen weiterhin ihr Lied »Nomlambo, Nomlambo, woher bist du gekommen? Du bist zu uns gekommen, und nun sind wir glücklich!«

Dann beschloß Mthunzi, der ein sehr entschlossener junger Mann war, endgültig in Erfahrung zu bringen, woher dieses Mädchen stammte. Er folgte ihr, als sie das Dorf verließ, und nach einer langen Zeit kamen sie zu einem großen Fluß, der an einer Stelle sehr tief war. Dort ging Nomlambo ins Wasser und tauchte unter. Mthunzi folgte ihr. Sie sanken tief hinab in eine trockene Höhle unter dem Fluß. Dort fanden sie vier alte Frauen, die eine große runde Trommel schlugen. Der Rhythmus war neu für Mthunzis Ohren, und er wollte auch gern die Trommel schlagen. Die alten Frauen luden ihn ein, mit ihnen den neuen Rhythmus auf der Trommel zu schlagen. Später reichten sie ihm einen Beutel mit Kräutern und Wurzeln, aus denen er eine Arznei für den kranken Dorfvorsteher kochen sollte. Außerdem schenkten sie ihm die Trommel, auf der er eben erst zu spielen gelernt hatte. Sie sagten zu ihm: »Bring diese Trommel auf das Schlachtfeld! Geh und setze dem Krieg ein Ende!«

Nomlambo hatte Mthunzi liebgewonnen, und sie kehrte mit ihm ins Dorf zurück. Sie kochten die Arznei für den Dorfvorsteher; dann brachte Mthunzi die Trommel auf das Schlachtfeld, wo er trommelte, bis alle Krieger sich in einem großen Kreis um ihn versammelt hatten. Ihre Waffen hatten sie weggeworfen und tanzten zu dem neuen Lied, das die Trommel spielte. Und es dauerte nicht lange, so hielten sich alle Krieger aus beiden Dörfern an den Händen, und die Trommel mit der neuen Melodie gab ihrem Tanz den Rhythmus vor. Als Mthunzi aufgehört hatte, die

Trommel zu schlagen, schauten alle einander an, schüttelten sich die Hände, und stellten sich mit viel Gelächter gegenseitig vor. Sie beschlossen, aus ihren Schildern Trommeln zu machen und aus ihren Speeren Hacken für die Felder und viele nützliche Geräte für ihre Familien.

Mthunzi hatte seine Aufgabe erfüllt und machte sich mit der Trommel voll Sehnsucht nach Nomlambo auf den Weg zurück ins Dorf. In der Morgendämmerung waren er und alle Krieger aus seinem Dorf wieder zu Hause angelangt. Das ganze Dorf erwachte. Vor Freude riefen und schrien alle durcheinander, und viele Lieder wurden gesungen, besonders das Lied der alten Frauen für Nomlambo.

Mthunzi heiratete Nomlambo, und in einem jeden Jahr danach kamen die Leute aus beiden Dörfern beim ersten Vollmond des Jahres auf den früheren Schlachtfeldern zusammen, um im Rhythmus von vielen Trommeln dort zu tanzen, wo Mthunzi das alte Kriegslied aus ihren Köpfen verbannt und sie einen glücklichen neuen Tanz gelehrt hatte.

Die zweite Hälfte dieser Geschichte will auf den Krieg und auf die Not in Südafrika hinweisen und auf die vielen Kinder, deren Eltern verschiedene Sprachen sprechen und die aus verschiedenen Kulturen stammen. Diese Menschen lieben einander bedingungslos. Ihre Kinder sind Kinder der Liebe. Ich selbst bin eines dieser Kinder – die Sprache meines Vaters ist Zulu, die meiner Mutter Xhosa, also bin ich ein Kind der Liebe.

Wie Nomlambo, so muß auch ich meinem Volk Frieden und gegenseitiges Verstehen bringen. Ich schreibe Gedichte und singe meine Lieder, um Menschen zueinander zu bringen, sie zu lehren, nach dem Rhythmus der Trommel zu tanzen – nach einem neuen Rhythmus, der sie nicht zum Krieg anstachelt, sondern in ihnen den Wunsch weckt, ihr eigenes Leben neu zu gestalten und sich gegenseitig kennenzulernen, damit sie zusammen leben können.

1994

Liebe

Lieben ist sich verschenken,
Lieben ist sich sorgen,
Lieben ist
Vor Schmerz und Leid bewahren die,
Denen deine Liebe gehört.

Und du wirst finden,
Daß Liebe,
Die du verschenkst,
Millionenfach zu dir zurückkehrt,
Nahrung ist
Und Heilung
Und der Verzweiflung wehrt,
Die vielleicht von Anbeginn
In dir war.

Freude weitergeben
Ist wie ein Kind gebären,
Mutter sein
Dem Wunder der Liebe,
Die alles umfaßt.

1995

Joy Spirit

Mein liebster Freund,
Ich habe die traurige Nachricht vernommen
Und beanspruche nicht,
Den Schmerz zu verstehen,
Den du fühlst.
Aber ich bin deine Freundin,
Weil ich dich liebe,
Gehört dein Schmerz nun mir
Und meine Hoffnung dir,
Denn mir träumte,
Ich kniete neben dir,
Als du weintest,
An deine Augen
Legte ich meine Lippen,
Trank deine Tränen,
Bis sie versiegten.

Und als wir aufstanden,
Schoß eine Sternschnuppe
Über den Nachthimmel,
Da erkannte ich ein Lächeln,
Das scheu deine Lippen streichelte,
Und ich wußte,
Daß die Freude
Dich wiedergefunden hatte.

1995

Fly Hat, Fly!

Robben Island ist sicher eine der berühmtesten Inseln der Welt. Im Laufe der Jahrhunderte hat sie mancherlei Zwecken gedient – einmal war auf ihr eine Kolonie für Leprakranke, dann wurde sie zum Hochsicherheitsgefängnis für Männer, die sich der Kolonialmacht widersetzten. Makhanda kaNxele, ein führender Xhosa, gehörte zu den ersten politischen Gefangenen, von denen man erfuhr. Danach schickte die Regierung der Nationalisten Robert Sobukhwe vom *Pan Africanist Congress* ins Gefängnis auf die Insel. Viele andere folgten ihm, aber der berühmteste Gefangene war unser Präsident, Nelson Mandela.

Im Geschichtsunterricht lernten wir diese Dinge nicht, trotzdem wußten wir davon. Viele Väter, Ehemänner, Söhne, Brüder und Onkel waren Zeit ihres Lebens dorthin verbannt worden. Einige dieser Männer bekleiden heute Schlüsselpositionen in der neuen Regierung der Nationalen Einheit. Manche haben es in der Tat sehr weit gebracht, andere leben vergessen irgendwo auf dem Lande, in vielleicht noch größerer Armut als die, die sie in ihrer Jugend gekannt hatten.

Etwas mehr als eintausend frühere Gefangene von Robben Island hatten sich zu einem Treffen eingefunden, das von der in Kapstadt ansässigen *Peace Visions* organisiert worden war. Es fand am Wochenende des 10. Februar 1995 statt, gerade neun Monate nach den ersten demokratischen Wahlen in Südafrika. Viele dieser Männer hätten nie im Traum gedacht, daß sie sich nach ihrer Befreiung aus dem Gefängnis noch einmal wiederbegegnen würden. In der Haft waren sie zu einer starken Gemeinschaft zusammengewachsen; obwohl sie unterschiedlichen Organisationen angehörten, wie dem *African National Congress (ANC)*, dem *Pan Africanist Congress (PAC)*, der *Black Consciousness* Bewegung, der *Azanian People's Organisation (AZAPO)* und noch vielen anderen mehr, hatten sie eine Menge voneinander gelernt und waren Brüder geworden, die für dasselbe Ziel kämpften.

Der 10. Februar 1995 war ein strahlender Sonnentag am Kap. Hunderte von früheren Gefangenen strömten aus ganz Südafrika nach Kapstadt, um dort an Bord des Schiffes *Oceano* zu gehen, auf dem Platz für mehr als tausend Menschen war. Robben Island war ein ausschließliches Männergefängnis gewesen, deshalb waren sehr wenige Frauen zu diesem Treffen gekommen. Ich war eine von ihnen. Einige der Gesichter waren leicht zu erkennen, doch andere kannte ich überhaupt nicht. Die unterschiedlichsten Emotionen lagen in der Luft – manche Männer waren begeistert, ihren früheren Kameraden wiederzubegegnen, andere sehr nachdenklich und schienen in ihre eigenen Gedanken und Erinnerungen versunken. Wieder andere unterhielten sich ruhig miteinander, nur um mit einem lauten Ruf des Erkennens von jemandem, den sie seit Jahren nicht mehr gesehen hatten, aufgeschreckt zu werden. All dies spielte sich rings um mich her ab, und ich fühlte mich sehr bescheiden und demütig und auch sehr geehrt, daß ich mit diesen Freiheitskämpfern zusammensein durfte. Ich war ganz Auge und Ohr und nahm vieles von dem, was in den Gesichtern der Männer zu lesen war, und Bruchstücke der Unterhaltungen in mich auf. Ich war betrübt, als ich sah und hörte, wie einige der alten Kameraden vom Tod eines lieben Freundes und noch andere traurige Nachrichten erfuhren. Aber was sich an jenem Tag am tiefsten in meine Erinnerung eingegraben hat, war etwas, das sich innerhalb von höchstens einer oder zwei Minuten abspielte.

Ich befand mich auf dem Weg von einem Teil des Schiffes zu einem anderen. Langsam stieg ich eine Treppe hoch, weil vor mir ein älterer Mann ging, und ich hatte es ja ohnehin nicht eilig. Als der alte Mann oben angelangt war, blieb er stehen und schaute auf das Meer hinaus. Dann nahm er seinen Hut ab, drehte sich zu mir um und sagte: »Schau her, mein Kind – dieser Hut hier ist die Apartheid.« Und während er so sprach, drückte er den Hut zu einem Knäuel zusammen und warf ihn mit aller Kraft weit hinaus aufs Meer. »Siehst du, ich habe die Apartheid weggeworfen! Nie, niemals will ich sie wiedersehen!« Ich schaute seinem Hut nach, der etwas von seiner früheren Form wiedergewann und davonsegelte, während wir uns langsam Robben Island näherten. Ich wußte nicht, was ich sagen sollte. Mein Blick kehrte zurück und begegnete dem dieses grauhaarigen Mannes, der so glücklich aussah und doch so traurig. Für sein Alter schien er stark und kräftig zu sein. Wir schauten einander an und lächelten. Dann blickte der alte Mann wieder seinem Hut nach. Und da hörte ich ihn sagen – diesmal ganz zu sich selbst: »Fly hat, fly!«

Einige Minuten später war er schon weitergegangen und unterhielt sich mit einigen Männern, die er offensichtlich aus seiner Gefängniszeit kannte. Ich suchte mir einen Platz, von dem aus ich dem Hut nachschauen konnte, der in der Ferne immer kleiner und kleiner wurde. Ich fragte mich, warum er diese Worte gerade mir gesagt hatte und nicht einem seiner alten Kameraden. Plötzlich bedrängten mich vor meinem inneren Auge Visionen von zahllosen Männern, die vor ihren Kindern und Frauen gedemütigt worden waren, von Männern, die vor einem Arbeitgeber oder sonstigen offiziellen Personen ihren Hut hatten abnehmen müssen. Sie mußten ihn abnehmen und zusammengedrückt in der Hand halten, sie wurden gezwungen, alle möglichen Beleidigungen und Demütigungen zu schlucken. Dieser Hut brachte so viele schmerzhafte Erinnerungen zurück.

Und er war ganz gewiß eines der Symbole der Apartheid. Der alte Mann hatte etwas weggeworfen, das für ihn Unterdrückung symbolisierte. Hieß das, daß jeder Südafrikaner, jede Südafrikanerin, für sich allein das Symbol finden mußte, das es auf seine oder ihre Weise wegzuwerfen galt?

Vielleicht.

Das folgende Gedicht habe ich am Tag nach dem historischen Treffen auf der ehemaligen Gefangeneninsel Robben Island im Februar 1995 geschrieben. Viele Teilnehmer – ehemalige Häftlinge – hatten sich sehr unglücklich darüber gezeigt, daß Reden und Diskussionen nur in englischer Sprache stattfanden. Das gab mir den Anstoß zu diesem Gedicht, und es war nicht das erste Mal, daß mich anläßlich wichtiger Versammlungen in unserem Land solche Gedanken und Gefühle heimsuchten.

Gcina Mhlophe

Das Recht auf Sprache

Unablässig
Jagen wir der Zeit nach,
Das scheint der Lauf der Welt
Heutzutage.

Aber bitte,
Und das gilt uns allen,
Die wir hier,
Auf einflußreichem Podium stehen
Und durchdrungen vom Glauben
An unsere Mission
Einflußreiche Reden halten,
Bitte,
Halten wir einen Augenblick inne,
Eine Minute oder auch zwei,

Und denken wir darüber nach,
Daß nicht alle hier im Publikum
Das Englische verstehen,
Das wir so fließend
Und mit Genugtuung sprechen.

Halten wir ein
Und denken wir mit Demut
Und Wohlwollen im Herzen daran,
Daß eine afrikanische Sprache
Den Reden,
Die heute hier gehalten werden,
Mehr Würde und Bedeutung
Verleihen würde.

Sprache ist Identität.
Ungeachtet aller Bildung,
Die wir genossen haben,
Darf Afrikas Identität
Nicht verloren gehen.
Denn was ist Bildung
Für jemanden,
Der nicht weiß,
Wer er ist?

Ein jedes Wort,
Das in einer afrikanischen Sprache
Über unsere Lippen kommt,
Gleicht einem wertvollen Stein,
Den es gilt,
Sanft zu den anderen Steinen,
Auf den *Isivivane**,

Zu legen.
Und bald häufen sich die Steine
Zu einem stolzen Denkmal
Unserer Identität.

Ilwini zethu mazithethwe!
Sprechen wir unsere Sprachen!
Ilwini zethu mazihlonitshwe!
Achten wir unsere Sprachen!
Zulu, Xhosa, Sotho, Venda, Twana!

Ja, ich weiß es wohl,
Nicht alle hier
Sprechen eine afrikanische Sprache.
Übersetzer müssen zu Hilfe eilen!

»Aber Freundin,
Wir haben keine Zeit!«

»Zeigt mir einen Bildhauer,
Der in nur zwei Stunden
Ein Meisterwerk aus Stein schafft!«

Bitte,
Laßt uns Afrikas Weisheit umarmen,
Jeden Dialekt
Und jedes Sprichwort.

* *Isivivane* - ein Steinhaufen, auf den in früheren Zeiten Reisende, die weite Wege zu Fuß zurückgelegt hatten, als Dank an Gott und die Vorfahren einen kleinen Stein legten für die Bewahrung vor allerlei Gefahren wie Löwen, Krokodilen oder das Verzehren giftiger Früchte. Es war eine uralte Tradition des Gebets, und an zahlreichen Dorfeingängen oder entlang der vielbegangenen Wege wurden diese Steinhaufen errichtet.

Laßt unsere Zungen
Eine Sprache liebkosen,
Und es wird schwer sein,
Ihr Leuchten zu übersehen. Wenn wir also weiterhin
Unsere wichtigen Reden halten,
Uns für die Menschenrechte einsetzen,
Vergessen wir bitte nicht,
Das Recht auf Sprache
Ist auch ein Menschenrecht!

Großer Mann, vergiß nicht...

Großer Mann,
Vergiß nicht die Zeit,
In der du für deine Freiheit kämpftest
Und für die Freiheit deines Volkes,
Die Zeit,
In der du mit dem Unterdrücker
Verstecken spieltest,
Bis er dich schließlich faßte,
Dich in Ketten und Fußeisen legte,
In den Kerker warf
Und in seinem verderbten Herzen glaubte,
Niemals wieder würdest du
Das Licht des Tages erblicken.

Großer Mann,
Vergiß nicht die Kämpfe,
Die es dich gekostet hat,
Als dein freiheitsliebender Geist
Sich wehrte und zu sterben sich weigerte.
In jener grausamen Folterkammer
Gab dir deine Vision von besseren Tagen
Unendliche Kraft zum Durchhalten,
Als dein Körper auf dem kalten Zementboden lag,
Entfloh dein Geist durch das Fenster,
Gesellte sich zu den Geistern
Zahlloser Freiheitskämpfer
Tief in den Regenwäldern Afrikas,
Wo die mystische Feuchte am Äquator
Jene zeitlose Botschaft flüsterte,
von der alle Freiheitskämpfer wissen:

Gib nicht auf!
Gib nicht auf!
Hier, nimm mit dir
Liebe,
Selbstachtung,
Selbstlosigkeit!
Kämpfe für dein Volk!

Großer Mann,
Vergiß nicht den Tag,
An dem du herauskamst,
Die Minute genau
Und die Sekunde,
Als dein rechter Fuß hinaustrat
Vor die Tore des Kerkers;
Mit erhobener Faust gingst du,
Die Sonne auf deinem Gesicht.
Vergiß nicht die Freude,
Die sich wie ein Eimer voll Honig
Über dich ergoß,
Und vergiß nicht den Schmerz
Über verlorene Jahre
Und vergeudete Kraft,
Der wie ein vergifteter Pfeil
Deine Seele durchbohrte.
Und im nämlichen Augenblick
Begrüßtest du voll Freude
Die riesige Aufgabe,
Die nun vor dir lag,
Du gabst dein Versprechen
Und gelobtest,
Alles in deiner Macht Stehende zu tun,
Um für dich und dein Volk
Eine bessere Zukunft zu bauen.

Großer Mann,
Vergiß nicht
Die seit langem leidenden
Frauen und Männer,
Die Würde,
Die sie verloren haben.
Vergiß nicht die sehr jungen und die sehr alten,
Denke an den Hunger,
Mit dem sie im Lande des Überflusses
Zu leben gelernt haben.
Großer Mann,
vergiß nicht deine Versprechen,
Die Hoffnung, die du verkörperst.

Großer Mann,
Mit dem Kompaß in der Hand
Stehst du nun am Kreuzweg der Geschichte.
Die Erfahrungen deines Volkes
Sind dein Wanderstab;
Mit seiner Hilfe
Findest du die Schlaglöcher auf deinem Weg,
Auf dem du allen vorangehst.
Großer Mann,
Vergiß nicht,
Daß Korruption und Lügen
Den Schmerz,
Den dein Volk kennt,
Zweifellos vermehren.
Bitte,
Denke daran,
Verrat schmerzt soviel mehr
Als der Stich von tausend Skorpionen.

Großer Mann, vergiß nicht,
Wir wünschen dir Frieden in deinem Herzen,

Wir wünschen dir die scharfe Sicht des Adlers,
Wir wünschen dir die Weisheit
Der uralten Schildkröte Afrikas,
Wir wünschen dir die Erinnerung des mächtigen Elefanten.
Deshalb, Großer Mann,
Vergiß nicht das Flüstern
Jener mystischen Feuchte am Äquator,
Jene zeitlose Botschaft,
Von der alle Freiheitskämpfer wissen:
Gib nicht auf!
Gib nicht auf!
Hier, nimm mit dir
Liebe,
Selbstachtung,
Selbstlosigkeit.
Kämpfe für dein Volk!

Der Kampf geht immer weiter,
Vergiß es nicht, Großer Mann!

1995

Eine Stimme für die Einheit

Ich bin fünfunddreißig Jahre alt
Plus acht Stunden Wartezeit in der Schlange,
Um meine Stimme abzugeben.
Erstaunt reden manche Leute
Von diesem langen Warten,
Von all der aufgebrachten Geduld.
Ja, wir sind geduldig.
Haben wir nicht endlos lange Jahre
Geduldig auf diesen einen Tag gewartet,
Auf den Tag,
An dem wir unser Leid
Abwählen würden?
Auf den Friedhöfen,
An den Gräbern unserer Mütter und Väter
Haben wir gewartet,
Jahrelang in Gefängniszellen,
Unter menschenunwürdigen Bedingungen,
Haben wir gewartet.
Wartend haben wir
Hungerstreik und Busboykott durchgestanden,
Bannverordnung und Hausarrest,
Geburt und Heimatlosigkeit.

Untersteht euch also,
Uns über das Warten zu belehren,
In dieser Sache verstehen wir keinen Spaß.
Untersteht euch,
Uns über das Warten zu belehren,
Wir kennen eine jede
Der schwer lastenden Sekunden.

Wie die grausame Wüstensonne
Versengt dir das Warten die Haut,
Reißt dir die Füße auf
Wie Frost auf einem steinigen Weg,
Brennt in den Augen
Wie die Säure rassistischer Tränen,
Macht dich taub
Wie die beleidigenden Schimpfnamen,
Die dich deiner Würde berauben.

Doch jetzt haben wir unsere Stimme abgegeben.
Es sieht so aus,
Als sei das Warten vorbei.
Ha! Ein Seufzer der Erleichterung!

Wo wären wir heute,
Hätte nicht das Lied Afrikas
Unablässig die Glut am Leben erhalten,
Die Flamme des Überlebens
Immer wieder neu entfacht?
Wo wären wir
Ohne die großen Leader unseres Landes?

O Sontonga, owaqhamuka entabeni ehlabelela
Ecela kuThixo uMdali
Nkosi Sikelela iAfrika
Nkosi Sikelela iAfrika!
O Stephen Bantu Biko, iinto zoSobukhwe
O Victoria Mxenge no Dorah Damana
Amavula ndlela oMakhanda ka Nxele
Iqhawe lamaqhawe uNelson Mandela.
Wo wären wir
Ohne die mutigen Frauen und Männer,
Deren ungetrübte Vision von diesem Tag
Uns am Leben erhielt?

Es gäbe keine Plakate,
Erfüllt von neuem Versprechen,
Es gäbe mich nicht,
In der Schlange stehend,
Erfüllt von dem Wunsch,
Etwas für mein Land zu tun.
Sicherlich gäbe es in meinem Herzen
Keine Träume von einer besseren Zukunft
Für meine Familie,
Für meinen alten Vater,
Meine Brüder und Schwestern,
Die ich so sehr liebe.

Wo wären wir
Ohne die Geschichtenbewahrer,
Die wie Gluckhennen
Über die goldenen Eier wachten,
Die unsere Geschichte sind?
Geschichte,
Von unseren Feinden mit Füßen getreten,
Liegengelassen,
Totgeglaubt.
Ohne sie wüßten wir nicht,
Woher wir kamen,
Wohin uns unser Weg führt.
Einheit ist das Wort
Auf unser aller Lippen,
Mit angehaltenem Atem
Stehen wir in der Schlange,
Die alles entscheiden wird,
Bereit, unseren neuen Leader
willkommen zu heißen.
Im Wissen darum,
Daß die Achtung vor der Kultur der anderen
Die Quelle ist,

Der Frieden entspringt und Einheit,
Singen wir mit erhobener Faust
Unsere Hymne.

O ja, wir haben gekämpft,
Wir haben vertraut
Und so lange gewartet,
Denn wir glauben
An die Möglichkeit
Von Einheit in der Vielfalt.

Am Horizont sehe ich
Zwei Ozeane, die sich begegnen,
Höre den Ruf der Möwen
Höre das Jubeln der Wellen,
In Erwartung der aufgehenden Sonne.
Nicht mehr lange,
Und die Sonne wird aufgehen!
Ein neuer Tag ist angebrochen!
Halala!

27. April 1994

Nachwort

A woman praise poet – I'd never heard of one, but what did it matter – I could be the first one...

»Eine Frau als Dichterin und Sängerin der Preislieder – noch nie hatte ich von einer gehört, doch was machte das schon, ich könnte ja die erste sein!«

Als Gcina Mhlophe siebzehn Jahre alt ist, begegnet sie einem imbongi – einem der legendären Dichter und Sänger der alten afrikanischen Tradition der Preislieder. Mit Klugheit und großem künstlerischem Können hatten sie schon immer Geschichte und Traditionen von Generation zu Generation weitergegeben, und sie waren in entscheidenden Zeiten, wann immer die Menschen sich in Gefahr befanden, Verkünder von Warnung und Mahnung, von neuer Ausrichtung und Vision gewesen. In der Geschichte »Augenblicke der Veränderung« erzählt die Dichterin, Sängerin und Schauspielerin Gcina Mhlophe, wie diese Begegnung sie ihre Berufung hat finden lassen und richtungsweisend für ihr Leben war.

In the Company of Words...
Worte als meine Begleiter...

Schreiben, Theaterspielen, Geschichten erzählen, so beschreibt Gcina ihr Leben heute. Als erfolgreiche Autorin von Gedichten, Kurzgeschichten, Theaterstücken und Kinderbüchern hat sie sich weit über die Grenzen Südafrikas hinaus einen Namen gemacht. Mit ihrem autobiografischen Theaterstück »Have you seen Zandile?«, in dem sie selbst die Hauptrolle spielte und sang, war sie nach einer Tournee durch mehrere afrikanische Länder auf dem Edinburgh Festival und anschließend auf Tournee in England, Kanada, den USA und 1989 auch in Deutschland. Vor allem aber hat die mit zahlreichen Preisen und erst kürzlich mit der Ehrendoktorwürde der London Open University ausgezeichnete Künstlerin die alte Tradition des Geschichtenerzählens wiederbelebt. Zusammen mit der von ihr ausgebildeten Gruppe ZANENDABA (Schenk mir eine Geschichte) hat sie vor unzähligen Menschen aller Hautfarben in Afrika, USA, Kanada und Australien, Kindern und Erwachsenen in Schulen und Universitäten, auf Fußballfeldern und unter freiem Himmel, in den Gemeindehallen der Townships, vor exklusiven weißen Damenklubs und im Fernsehen, in »Story-Telling-Sessions« die Geschichten der Völker Afrikas lebendig werden lassen. Und dabei erlebt das Publikum weit mehr als nur das Hören einer Geschichte. Eine »Performance« aus Musik und Tanz, aus kreativem Spiel und mit höchstem künstlerischem Können und viel Humor vorgetragenen Inhalten versetzt es in eine andere Welt.

Das Echo darauf war enorm, was sie veranlaßte, die alten Geschichtenerzählerinnen und Erzähler selbst auf die Bühne zu holen und mit ihnen zusammen zu erzählen. Ihr großes Vorbild war stets ihre eigene, geliebte Großmutter, ihre *Gogo,* bei der sie in Natal aufgewachsen ist und von der sie die Kunst des Geschichtenerzählens erlernt hat. Danach gefragt, warum ihre für Kinder erzählten Geschichten einen so außerordentlichen Eindruck auf Erwachsene machen, erwidert Gcina: »In jedem Erwachsenen lebt ein Kind. Und wenn es mir gelingt, die Menschen dorthin zurückzubringen, wo sie Kinder sind, dann bringe ich sie zusammen, denn Kinder nehmen einander an und haben keine Vorurteile«.

Say no, black woman, say no!
»Sag nein, schwarze Frau, sag nein...«

Eines der vielen Neins von Gcina Mhlophe auf den Terror der Apartheidpolitik bestand im Geschichtenerzählen. »Ich wußte«, so erläutert sie, »daß die Kinder in den Townships, die nichts als Terror, Tod und Schrecken erlebten, die Kinder, die in die Homelands abgeschoben worden waren, unter erbärmlichsten Bedingungen dort lebten und ihre Väter, die in den Städten arbeiten mußten, höchstens einmal im Jahr sahen, daß diese Kinder Nahrung für ihre Seelen brauchten. Der Reichtum der geistigen Tradition, der ihnen früher in intakten Großfamilien vermittelt wurde, mußte ihnen wieder neu zugänglich gemacht werden!« Außerdem waren die traditionellen Geschichtenerzähler auch stets Träger des Geschichtsbewußtseins der Völker Afrikas. Dieses Wissen um die eigene Geschichte war von den weißen Machthabern ausgerottet und mit Füßen getreten worden. Gcina Mhlophes Anliegen ist es vor allem anderen, den Menschen Südafrikas ihre Identität zurückzugeben, sie zu sich selbst, zu ihren individuellen Rechten, zu ihrer eigenen Geschichte und damit zu ihrer Menschenwürde zurückfinden zu lassen.

Nicht allen politischen Aktivisten auf seiten der südafrikanischen Befreiungsbewegung genügte in der gespannten Lage gegen Ende der achtziger Jahre dieses Programm, doch weit vorausblickend hat Gcina ihr Recht auf Selbstbestimmung und Befreiung nie den gängigen politischen Zielen untergeordnet. Ihre Gedichte aus jener Zeit und die Geschichte »Meine liebe Madam« sagen genug aus über erlittenes Leid und ihre tiefe Sehnsucht nach Befreiung für alle Menschen Südafrikas. Als »Mutter Afrikas Tochter« ist ihr das Erbe der Mütter, die ihr Leben für die Freiheit gaben, Verpflichtung.

Love Child
Kind der Liebe...

Gcina Mhlophes Vater ist Zulu, ihre Mutter war eine Xhosa. Gcina, 1958 in Natal geboren, wurde so in zwei afrikanischen Traditionen groß und nennt sich selbst ein Kind der Liebe, weil sich in ihr zwei Völker verbinden – ein Symbol für mögliche Einheit zwischen den von Haß und Zwietracht entzweiten schwarzen Völkern Südafrikas. Viele Geschichten der Autorin sind autobiographisch und vermitteln dadurch einen tiefen Einblick in das Erleben, die Erfahrungen und die daraus erwachsene Kraft, die für die Autorin zur Quelle von befreiender Kreativität und ansteckendem Lebensmut geworden ist. Unter widrigsten Umständen und mit großer Hartnäckigkeit hat Gcina an ihrer Berufung und Vision festgehalten; ohne formelle Ausbildung hat sie es Dank ihrer großen Begabung und ihrer Entschlossenheit erreicht, daß sie heute eine der bekanntesten Künstlerinnen Südafrikas ist. Über ihre Arbeit sagt sie: »Wenn ich aufhörte zu schreiben, würde ich aufhören zu atmen. Es ist mir wichtig, mich mit den lebendigen Kräften, die hinter den Worten stehen, auseinanderzusetzen, die Gelegenheiten zu nutzen, über die Interpretation des Geschriebenen zu diskutieren, andere an meinem Schreiben teilhaben zu lassen, so, wie auch der Mond uns allen gehört. Es ist eine Liebesaffäre!« Und weiter: »Mit unseren Geschichten ist es wie mit der Erde – sie ist dafür da, daß wir sie miteinander teilen.« Das Schreiben von Kurzgeschichten sei dasselbe wie Geschichten erzählen, und das wiederum sei eine frühe Form des Theaters in Afrika. »Vielleicht wurde ich einfach zu spät geboren. Ich habe die Zeit verpaßt, als diese Dinge gleichzeitig geschahen, als Dichten, Spielen und Singen noch integrale Bestandteile einer Aufführung waren.«

Für Gcina Mhlophe ist »Story-telling« Medizin, die den Einzelnen und die Gemeinschaft stärkt und Wegweiser ist. Ihre Geschichten beziehen ihre magische Kraft aus der eigenen Erfahrung von Unterdrückung und Befreiung und von denen, die vor ihr waren, von den Bewahrerinnen und Bewahrern der archetypischen Mythen und Bilder, die in der Menschheitsgeschichte über Raum und Zeit hinweg bis heute immer dieselben geblieben sind. Gcina will sie, vor allem im Kontext Südafrikas, neu entdecken und lebendig werden lassen, damit im Leben der Menschen, deren Seelen zutiefst verletzt und vergewaltigt worden sind, ihre heilende und befreiende Kraft wirksam werden kann. In der Geschichte »Das Krokodil« kommt dies auf eindrückliche Weise zum Ausdruck. Und so steht die moderne Künstlerin Gcina Mhlophe in der langen Tradition der *imbongi* in Südafrika, der *griots* in Westafrika, der *Weisen Frauen*, der *cantadoras* und *cuentistas* in Lateinamerika und noch vieler anderer mehr aus der großen Gemeinschaft der Hüterinnen und Hüter der alten und immer gültigen Wahrheiten.

Leader Remember...
Großer Mann, vergiß nicht...

Auf die Situation im »Neuen Südafrika« angesprochen, sagt Gcina Mhlophe mit Nachdruck: »Die Geschichten, die wir erzählen, tragen die Erinnerung an die guten und an die bösen Zeiten unserer Geschichte in sich. Die Menschen sollen das nicht vergessen. Obwohl Südafrika heute frei ist, müssen wir den Fehlern, die wir gemacht haben, ins Auge blicken, und auch an die guten Zeiten sollen wir uns erinnern. Die Geschichten helfen uns, die Welt, in der wir leben, richtig zu verstehen. Immer wieder erzählt, schaffen sie eine höhere Ebene des Verständnisses, weil wir uns gegenseitig an unseren Erfahrungen teilhaben lassen. Ehe wir nicht wissen, was wir haben, können wir nicht beginnen, etwas Neues aufzubauen. Der Erfolg des Geschichtenerzählens beweist, daß in unserer Vielfalt hier in Südafrika unsere Stärke liegt und unsere Hoffnung.«

Mit ihren Geschichten und Gedichten – z.B. »Großer Mann, vergiß nicht...« – begleitet Gcina Mhlophe kritisch, aber trotzdem voll positiver Erwartungen für die Zukunft Südafrikas, die heute führenden Persönlichkeiten ihres Landes. Und ihre Stimme wird gehört und respektiert weit über die Grenzen Südafrikas hinaus. Was Bessie Head, die große südafrikanische Schriftstellerin, die 1986 im Exil in Botswana starb, bereits 1972 voraussah, scheint in der Künstlerin Gcina Mhlophe, und in vielen anderen mit ihr, Wirklichkeit zu werden: Südafrika, die Heimat von Traumsehern und Geschichtenerzählern, deren Kunst die Menschen beflügelt und in ihnen Träume von einer Welt, wie wir sie uns alle ersehnen, wach werden läßt.

Susanne Koehler *Im August 1995*